Serie de Literatura y Cultura

Editor General: Greg Dawes
Editora a cargo de la serie: Ana Forcinito

Otros títulos de Editorial *A Contracorriente*:

Marisol Montaño, Alejandro Solomianski y Sofia Wolhein (eds.), *Otras voces. Nuevas identidades en la frontera sur de California (Testimonios)*

Ana Peluffo (ed.), *Pensar el siglo XIX desde el siglo XXI. Nuevas miradas y lecturas*

Andrea Matallana, *El Tango entre dos Américas. La representación del tango en Estados Unidos, 1910-1939*

Brantley Nicholson y Sophia McClennen (eds.), *The Generation of '72: Latin America's Forced Global Citizens*

Carlos Aguirre (ed.), *Militantes, intelectuales y revolucionarios. Ensayos sobre marxismo e izquierda en América Latina*

Carlos Aguirre y Javier Villa-Flores (eds.), *From the Ashes of History: Loss and Recovery of Archives and Libraries in Modern Latin America*

Emilio del Valle Escalante (ed.), *Teorizando las literaturas indígenas contemporáneas*

Diana Moro, *Sergio Ramírez, Rubén Darío y la literatura nicaragüense* (en prensa)

Los intelectuales del Partido Comunista
Itinerario de Héctor Agosti
(1930-1963)

Laura Prado Acosta
Universidad Nacional Arturo Jauretche
Universidad Nacional de Quilmes

Editorial
A Contracorriente
Raleigh, NC

© 2015 Laura Prado Acosta

Reservados todos los derechos de esta edición para:
© 2015, Editorial *A Contracorriente*

All rights reserved for this edition for:
© 2015, Editorial *A Contracorriente*

ISBN: 978-0-9909191-4-8

Ninguna parte de este libro, incluido el diseño de la cubierta, puede reproducirse sin permiso del editor.

No part of this book, including the cover, may be reproduced without expressed permission from the editor.

Library of Congress Control Number: 2015952071

Library of Congress Cataloging-in-Publication Data: pending

ISBN 10: 0-9909191-4-5
ISBN 13: 978-0-9909191-4-8

Fotografía de la tapa: Cortesía Museo de Arte Latinoamericano de Buenos Aires (MALBA), Fundación Constantini, Buenos Aires, Argentina. Detalle de la instalación de Liliana Porter, *El hombre con el hacha y otras situaciones breves* (MALBA, 13 junio 2013 - 16 marzo 2014).

Esta obra se publica con el auspicio del Departamento de Lenguas y Literaturas Extranjeras de North Carolina State University.

This work is published under the auspices of the DEPARTMENT OF FOREIGN LANGUAGES AND LITERATURES at NORTH CAROLINA STATE UNIVERSITY.

Contenido

Introducción	9
1. Lineamientos generales	9
2. Aspectos biográficos	12
3. Antecedentes bibliográficos	15
4. Descripción	18

Capítulo I

El antifascismo y *El hombre prisionero*	23
1. La politización de los intelectuales durante los años treinta	23
2. El año 1935 y los ámbitos culturales antifascistas	27
3. Oficiar de nexo	35
4. Intelectuales, política y Partido	40
5. El hombre prisionero y los deberes del intelectual revolucionario	44

Capítulo II

Antifascismo y comunismo, la difícil convivencia	51
1. Diversidades y tensiones dentro del antifascismo	51
2. El interludio 1939-1941	56
3. El modelo francés	62

Capítulo III

Confluencias. Una genealogía histórica nacional	67
1. Recuperando terreno	67
2. Hacia la Unión Democrática	69

3. La construcción de una genealogía histórica revolucionaria 74
4. El artista y la política. Entre la defensa del realismo y
la voluntad higiénica 80
5. El desconcierto del 46 89

Capítulo IV
Posicionarse frente al peronismo: el Año Echeverriano 93
1. Perón y los intelectuales 93
2. La incomodidad de los comunistas 98
3. Año Echeverriano 102
4. El Echeverría de Agosti 105
   4.1 Una lectura de la crisis 106
   4.2 El desquicio revolucionario 108

Capítulo V
Relecturas del peronismo a la luz de los conceptos gramscianos 111
1. Usos disputados 111
2. La expulsión del grupo Pasado y Presente 116

Consideraciones finales 123

Bibliografía 127

Anexo fotográfico 135

Introducción

1. *Lineamientos generales*

El objetivo de esta investigación es reconstruir el itinerario de Héctor P. Agosti, desde los inicios de su actividad intelectual y su militancia política hasta su consolidación como uno de los principales intelectuales del comunismo argentino, con la intención de indagar acerca de las características de un tipo específico de vínculo entre el intelectual y la política: el mediado por el Partido Comunista (PC). Esta biografía intelectual intentará servir como vía de entrada al análisis de los procesos de politización de intelectuales y artistas, y, a la vez, identificar la presencia del PC en el ámbito cultural e intelectual argentino. En este sentido, se considera que la figura de Héctor Agosti resulta representativa de quienes se afiliaron o se acercaron en calidad de compañeros de ruta a este partido, en tanto que encontraron allí una manera de canalizar su búsqueda de participación política, a través de una organización vinculada al mundo proletario, que formó parte de la Tercera Internacional asociada a la Revolución Rusa y a aquella sociedad socialista que se cristalizaba en la lejana Unión Soviética.

En el clima de época de los años treinta, los vaivenes de la política afectaron e interpelaron al colectivo intelectual. Fueron años en que los ámbitos considerados específicos de la intelectualidad (por ejemplo, los universitarios, académicos) se hallaban desarticulados. En ese contexto resulta dificultosa, y en muchos casos forzada, la distinción entre una esfera cultural-intelectual y una esfera política, pues ambas se penetraron mutuamente creando zonas de intersección significativas. En una de esas zonas de intersección entre cultura y política se posicionó el PC, generando emprendimientos y espacios en los que intelectuales y artistas encontraron condiciones (incluso "condiciones materiales") para llevar a cabo su labor, organizar reuniones, publicaciones, viajes, etc. A lo largo de este libro se analizará el rol que tuvo el intelectual comunista Héctor Agosti como uno de los principales responsables del funcionamiento de estos espacios culturales-politizados.

Desde la adopción de la estrategia partidaria de Frentes Populares antifascistas (1935), y luego de la temprana muerte de Aníbal Ponce (de quien se consideraba discípulo), el joven Agosti actuó como una figura "bisagra" que posibilitaba la relación entre la intelectualidad orgánica al partido y la proveniente de otras ramas político-ideológicas, tanto de otros sectores de las izquierdas como de la tradición liberal-democrática. A la vez, su prolongada experiencia en la prisión política le otorgó las credenciales de un militante verdaderamente comprometido con su causa, por lo que fue ganando de modo progresivo un espacio como organizador cultural dentro del Partido Comunista argentino (PCA), hasta llegar a ser su Secretario de Cultura.

Son extensos los debates en torno al uso del concepto de intelectual, a la definición de quiénes son estos intelectuales y con qué parámetros analizarlos.[1] Entre otras perspectivas, puede abordarse el análisis de las características de la figura del intelectual desde una perspectiva sociológica (referida al lugar y la función que el intelectual ocupa en la sociedad), o desde una mirada vinculada a cuestiones políticas, siguiendo el modelo del intelectual comprometido sartreano. En este libro se utilizará el término "intelectual" centrando la atención en su faceta politizada. Aquí se define a Agosti como un intelectual, en cuanto se propuso a través de sus discursos intervenir en los asuntos públicos de su tiempo, pero también porque su trayectoria como escritor, ensayista, periodista y organizador de espacios culturales tuvo un peso y un reconocimiento en el resto del mundo intelectual. Cabe preguntarse, entonces, qué tipo de intelectual fue Agosti, cuáles eran las características de su tarea y qué objetivos se propuso como escritor.

1 Véase Carlos Altamirano (dir.), *Términos críticos de sociología de la cultura*, Paidós, Buenos Aires, 2002; Norberto Bobbio, Nicola Matteucci y Gianfranco Pasquino (dirs.), *Diccionario de Política*, Siglo XXI, Madrid, 1982; Ory Pascal y Jean François Sirinelli, *Les intellectuels en France De l'affaire Dreyfus a nous jours*, A. Colin, París, 1992; Oscar Terán (coord.), *Ideas en el siglo*, Siglo XXI, Buenos Aires, 2004; Pierre Bourdieu, *Intelectuales, política y poder*, Eudeba, Buenos Aires, 1999; Louis Bodin, *Los Intelectuales*, Eudeba, Buenos Aires, 1970; Dominick LaCapra, "Repensar la historia intelectual y leer textos", en Elías Palti, *Giro lingüístico e historia intelectual*, Universidad Nacional de Quilmes, 1998.

Agosti no fue en rigor un teórico marxista, ni un artista creativo; fue un escritor ensayista, crítico literario, en definitiva, un intelectual orgánico de partido y, por lo tanto, su obra tuvo una función concordante con los objetivos partidarios. Ahora bien, si su condición de intelectual de partido puso en cuestión la autonomía de su itinerario, esto no debería clausurar un análisis del rol activo que desempeñó en el ámbito intelectual. Atendiendo y problematizando las implicancias que tuvo en su condición de militante, consideramos que ésta no desacredita su condición de intelectual,[2] puesto que participó de manera significativa como introductor de debates, difusor de autores, generador de traducciones, receptor de revistas extranjeras, etc. Es decir, múltiples intervenciones que fueron conformativas del conglomerado intelectual argentino.

Siempre es difícil establecer a ciencia cierta quiénes fueron los lectores de un autor. En el caso de Agosti puede conjeturarse que ese público estuvo compuesto mayormente por militantes que encontraban en sus textos una guía sobre cuestiones vinculadas al arte, la cultura o la historia argentina. Pero también fue un autor que trascendió las fronteras nacionales, como lo demuestra el hecho de haber sido traducido al portugués para ser introducido en Brasil por Caio Prado, o leído por el comunista francés Henri Lefebvre. Agosti también tuvo repercusiones por fuera del ámbito partidario, al establecer diálogos e interlocuciones con otras tradiciones ideológicas: en los años treinta y cuarenta, con el resto del antifascismo en su vertiente liberal-socialista; en los cincuenta, con grupos juveniles como *Contorno*, y en los sesenta, con la "izquierda nacional", por ejemplo con Juan José Hernández Arregui. En general, sus posiciones se mantenían acordes a la línea partidaria pero, siendo tal vez ésta la faceta más rica de su itinerario, en ocasiones sus desarrollos intelectuales generaron tensiones con la dirigencia política partidaria. Es en esas tensiones y en el ejercicio de "equilibrismo" que debió practicar donde se intentará captar la labor de este escritor, en este cruce arquetípico entre su identidad de intelectual y la de militante comunista.

2 Silvia Sigal, en *Intelectuales y poder en Argentina. La década del sesenta*, Siglo XXI, Buenos Aires, 2002, delimitó su objeto de estudio excluyendo a los militantes que obedecían a reglas partidarias (p. 7). Tomaremos la figura del "intelectual de institución o de organización partidaria", que aquí llamaremos "intelectual de partido", de Gisèle Sapiro, "Modelos de intervención político de los intelectuales. El caso francés", en *Prismas. Revista de historia intelectual*, nro. 15, Universidad Nacional de Quilmes, 2011.

Muchas veces estas dos facetas entraron en conflicto. Sus esfuerzos por conciliar la doctrina y las líneas estipuladas por el PC con su tarea intelectual resultan terreno fértil para analizar el vínculo intelectual-partido. Aquí se indagan diferentes ocasiones en que esa tensión derivó en rupturas y expulsiones, atendiendo al difícil equilibrio que mantuvo Agosti al transitar por estos conflictos en los que siempre priorizó su organicidad partidaria. Si en su entorno se formaron grupos con los que compartió ideas o posturas consideradas inaceptables por la dirigencia partidaria, Agosti no fomentó las confrontaciones. Tanto es así que, en uno de estos momentos de tensión, tal vez el más ilustrativo de ellos, terminó de consolidarse su participación en el partido. Se alude específicamente a 1963, año en que la expulsión del grupo de jóvenes a los que él consideraba discípulos coincidió con la incorporación de Agosti a la Comisión política del Comité Central.

La ruptura con el grupo vinculado a la revista cordobesa *Pasado y presente* se inscribe en un debate mucho más extendido geográficamente, ligado a la Revolución Cubana y a los desafíos de la denominada nueva izquierda, a la vez que coincide con un quiebre en el itinerario vital e intelectual de Agosti.[3] Los episodios en torno a esta desavenencia dan cierre a este libro. Aunque Agosti continuó produciendo y publicando hasta su muerte en 1984, el año 1963 se considera aquí como parte del cierre de una etapa. En los años sesenta los cuestionamientos de los "muchachos" fueron síntoma del inicio de otro momento en esa relación entre intelectual y política en la que, al calor de debates sobre el tipo de revolución y el rol de la lucha armada, la forma "partido" fue desafiada profundamente.

2. Aspectos biográficos

Hijo de padre obrero pintor y militante del radicalismo, Héctor Pablo Agosti nació en 1911 en el barrio de Balvanera sur. En su adolescencia, asistió, gracias a una beca, al Colegio Nacional

---

3 Para un estudio específico de esta ruptura véase Laura Prado Acosta, "Sobre lo 'viejo' y lo 'nuevo': el Partido Comunista argentino y su conflicto con la Nueva Izquierda en los años sesenta", revista *A Contracorriente*, vol. 11, n° 1, 2013; "Dossier 50 años de *Pasado y presente*. Historia, perspectiva y legados", *Prismas. Revista de historia intelectual*, n° 18, Universidad Nacional de Quilmes, 2014; Alexia Massholder, *El partido comunista y sus intelectuales. Pensamiento y acción de Héctor P. Agosti*, Luxemburgo, Buenos Aires, 2014.

Mariano Moreno, al que concurrieron por ejemplo los hermanos Frondizi, y donde tuvo profesores como Roberto Giusti, con quien seguiría vinculándose en su adultez. Sus primeros contactos con la política de izquierda comenzaron en dicho período, ya que debido a su marcado interés por la lectura se acercó a la biblioteca obrera del Partido Socialista y frecuentó también el ateneo anarquista La Antorcha. En 1927, a los dieciséis años de edad, Agosti se afilió a la Federación Juvenil Comunista. Según indica su biógrafo y amigo Samuel Schneider, el joven Agosti fue delegado juvenil en el VII Congreso del Partido Comunista y, como ayudante de Victorio Codovilla, accedió al Primer Congreso Latinoamericano de Partidos Comunistas (1929). También estuvo vinculado a la Liga Antiimperialista fundada por iniciativa de Henri Barbusse a raíz del Congreso Internacional contra el Imperialismo y la Opresión Colonial, donde se reunían militantes de diversas filiaciones, provenientes de distintas partes del mundo, entre los que resaltaron figuras como la de Julio Antonio Mella (de Cuba), José Vasconcelos (de México), Víctor Raúl Haya de la Torre (de Perú), Jawaharlal Nehru (de India), Manuel Ugarte (de la Argentina), entre otros.[4] En 1929 comenzó sus estudios en la Facultad de Filosofía y Letras de la Universidad de Buenos Aires, donde fundó junto a otros estudiantes, entre ellos Ernesto Sábato, la agrupación estudiantil *Insurrexit*, organización que llegó a presidir la Federación Universitaria Argentina.

Desde niño fue aficionado a la escritura, ganó un concurso de cuentos en la revista *Colorín Colorado* y a los diecisiete años publicó algunos ensayos en la revista *Claridad*. Progresivamente sus artículos salieron (a veces con seudónimos) en periódicos y revistas como *Crítica*, *El Sol*, *Clarín*, *Nosotros*, *Cursos y Conferencias*, y también en medios latinoamericanos como *Última Hora*, de La Paz; *Romance*, de México; el *Diario Popular*, *Justicia* y el periódico de *AIAPE*, de Montevideo; *El Siglo*, de Santiago de Chile, y *El Nacional*, de Caracas.[5] A su vez, desde 1928, dirigió el periódico *Juventud Comunista*, órgano de prensa de la Federación juvenil comunista (FEDE); y colaboró activamente con la prensa partidaria, publicando artículos en *Bandera Roja*, *Nueva Era*, *La internacional*, *Soviet* y *Orientación*. También contribuyó con artículos en las publicaciones de AIAPE en la Argentina, *Unidad* y *Nueva Gaceta*

---

4 Samuel Schneider, *Héctor P. Agosti. Creación y milicia,* Editorial Grupo de amigos de Héctor P. Agosti, Buenos Aires, 1994, pp. 23-24.
5 Véase "Opera Omnia", compilado de artículos y ensayos publicados en distintos medios, elaborado por el propio Agosti, en el Archivo Agosti, CeDinCi.

(1941-1943). Durante algunos períodos dirigió la revista *Cuadernos de Cultura, Expresión, Nuestra Palabra* y *Nueva Gaceta* (1949), y trabajó en las editoriales comunistas Problemas, Procyón y Lautaro. Además, fue un escritor ensayista con varios libros publicados, dictó conferencias y cursos en distintas universidades latinoamericanas.[6] Entre otras actividades, fue secretario de la Agrupación de Intelectuales, Artistas, Periodistas y Escritores (AIAPE), formó parte de la comisión de homenajes por el centenario de la muerte de Echeverría y fue miembro de la comisión directiva de la SADE o Sociedad Argentina de Escritores (1948-1950).

Agosti no finalizó sus estudios universitarios. Las derivas de su militancia política hicieron que estuviera preso en varias oportunidades. En los años treinta, a raíz de la publicación de un folleto titulado "Leopoldo Lugones, hijo de poeta", atribuido a su autoría, Agosti fue detenido durante la gestión de Leopoldo Lugones (hijo) como jefe de la sección especial de represión al comunismo de la Policía Federal. También fue detenido por aparecer como responsable del diario *Bandera Roja*. Luego de varios meses de prisión, se exilió en Montevideo. Cuando regresó a Buenos Aires, se lo declaró "instigador a la rebelión armada" y culpable por "desacato al presidente de la República", por lo que volvió al presidio durante tres años y medio (1934-1937). Su condición de preso político generó la movilización de numerosas personalidades de la intelectualidad y la política de la época, que conformaron un comité para su liberación, patrocinado en sus inicios por Lisandro de la Torre y Alfredo Palacios, y del que también participaron Mario Bravo, Emilio Ravignani, Aníbal Ponce, Raúl González Tuñón, entre otros. A fines de 1937 quedó en libertad y continuó trabajando como escritor y periodista. En aquel entonces publicó su primer libro, *El Hombre*

---

6   Bibliografía de Héctor P. Agosti: *El hombre prisionero*, Claridad, Buenos Aires, 1938; *Emilio Zola*, Atlántida, Buenos Aires, 1941; *Literatura francesa*, Atlántida, Buenos Aires, 1944; *Defensa del realismo*, Edición Pueblos Unidos, Montevideo, 1945; *Ingenieros, ciudadano de la juventud*, Futuro, Buenos Aires, 1945 (traducido al portugués); *Cuaderno de bitácora*, Lautaro, Buenos Aires, 1949; *Echeverría*, Futuro, Buenos Aires, 1951; *Para una política de la cultura*, Procyón, Buenos Aires, 1956; *Nación y Cultura*, Procyón, Buenos Aires, 1959; *El mito liberal*, Procyón, Buenos Aires, 1959; *Tántalo recobrado*, Lautaro, Buenos Aires, 1964; *La milicia literaria*, Sílaba, Buenos Aires, 1969; *Aníbal Ponce. Memoria y presencia*, Cartago, Buenos Aires, 1974; *Prosa política*, Cartago, Buenos Aires, 1975; *Las condiciones del realismo*, Armitano, Caracas, 1975; *Ideología y cultura*, Estudio, Buenos Aires, 1979; *Cantar opinando*, Boedo, Buenos Aires, 1982; *Mirar hacia adelante*, Sudamericana-Planeta, Buenos Aires, 1983.

Prisionero, y para editorial Atlántida, *Emilio Zola* y *Literatura francesa*. Luego, debido al golpe de estado de 1943, debió exiliarse en Montevideo hasta 1945, desde donde publicaba, junto a Rodolfo Ghioldi –también exiliado allí– el periódico *Pueblo Argentino*. También estuvo preso en los años finales del segundo mandato de Juan Perón (1954), y en 1957 junto con otros dirigentes comunistas y peronistas, a raíz de la denominada "operación cardenal".

En 1947 fue nombrado titular de la Comisión de Cultura del PCA. Durante el primer gobierno peronista participó en actividades de oposición, como lo fue la celebración del Año Echeverriano. Sin embargo, progresivamente fue dejando entrever una actitud más abierta e incluso optimista ante los aspectos que consideraba positivos del peronismo, en especial en referencia a la politización de las masas. En 1952 fundó, junto a otras personalidades como María Rosa Oliver, Jorge Thenon y Emilio Troise, la Casa de la Cultura Argentina. En 1953 viajó por primera vez a la Unión Soviética y a la República de China.

Agosti fue candidato a diputado en los años 1954, 1958 y 1983. Regresó en varias oportunidades a la Unión Soviética y participó a nivel internacional en congresos y coloquios representando al comunismo argentino, entablando debates e intercambios con figuras del PC francés y del PC italiano. En 1970 fue copresidente del Encuentro Nacional de los Argentinos. En 1973 formó parte de la comisión comunista que se entrevistó con Juan Perón.[7] En 1982 formó parte del consejo de presidencia de la Asamblea permanente por los Derechos Humanos. En 1983, con la vuelta de la democracia en la Argentina, fue nuevamente candidato a diputado nacional y publicó su último libro, *Mirar hacia delante*. Se mantuvo como miembro activo del PCA durante toda su vida. Falleció en 1984.

3. Antecedentes bibliográficos

En los estudios acerca de la historia del Partido Comunista en la Argentina, por mucho tiempo predominó lo que el historiador Hernán Camarero caracterizó como una bibliografía "canónica". Producida en general por miembros del propio partido, usualmente estos trabajos cumplían una función instrumental para justificar decisiones políticas del partido o de los autores, por lo que muchas

---

7 Véase Fernando Nadra, *Conversaciones con Perón*, Anteo, Buenos Aires, 1985.

veces caían en argumentos forzados y en gruesas omisiones, propias de su género. Otra rama de la bibliografía especializada en el tema se conformó de textos provenientes de quienes habían decidido desvincularse del partido (de este grupo resaltan los de los ex comunistas Rodolfo Puiggrós y Juan José Real);[8] y de otros provenientes de sectores de la derecha católica anticomunista, producidos a modo de advertencia hacia lo que consideraban una aberración ideológica y política. En definitiva, durante largas décadas, tanto para defender a este partido como para atacarlo, se recurrió a un estilo argumentativo de tono panfletario que retroalimentó la cerrazón sobre la cuestión.

Hasta hace pocos años, en la historiografía profesional reinaba un relativo silencio sobre el tema. Sólo se encontraban menciones al PC de manera tangencial e indirecta. A grandes rasgos, la imagen plasmada, tanto en la historiografía como en el sentido común, fue la de un enclave estalinista en Latinoamérica, con un accionar político y cultural "ortodoxo" y "sectario" sometido a los dictados de la URSS, en el que Rodolfo Ghioldi y Victorio Codovilla, junto a fieles seguidores, fueron responsables de los fracasos políticos y de las sucesivas expulsiones de las figuras más valiosas del mundo de la cultura. Esa imagen, que sin duda tiene cierto asidero en la propia historia y en las características de funcionamiento del PCA, se complejizó a través del análisis de dos regiones fundamentales: en primer lugar, el vínculo del partido con el sindicalismo y el movimiento obrero; y en segundo lugar, su vínculo con el campo cultural e intelectual. En esta última región se ubicará este libro.

Es en el análisis de esas perspectivas o regiones de la historia del comunismo que se ha producido una renovación historiográfica que permite visualizar el rol que el PCA tuvo en la política y en la cultura argentina del siglo XX. Las investigaciones que han estudiado la inserción del comunismo en el mundo obrero, las experiencias de los militantes y cuadros comunistas en las fábricas se han caracterizado por un uso cuidadoso de fuentes y por la aplicación de las reglas de investigación históricas.[9] Esto estuvo íntimamente

---

8 Rodolfo Puiggrós, *Historia Crítica de los partidos políticos*, Jorge Álvarez, Buenos Aires, 1969; Juan José Real, *Treinta años de historia argentina (acción política y experiencia histórica)*, Fondo Nacional de las Artes, Buenos Aires, 2006.
9 Véase Hernán Camarero, *A la conquista de la clase obrera. Los comunistas y el mundo del trabajo en la Argentina, 1920-1935*, Siglo XXI, Buenos Aires, 2007; Mirta Lobato, "Rojos. Algunas reflexiones sobre las relaciones entre los comunistas y el mundo del trabajo en la década de 1930", en *Prismas. Revista de historia*

vinculado a la apertura de espacios institucionales y archivísticos como el Centro de Documentación e Investigación de la Cultura de Izquierdas (CeDinCi, Argentina), que brindaron las posibilidades de acceso a fuentes periódicas y a datos de la organización. También se han publicado trabajos que exploran la inserción del comunismo en el mundo cultural e intelectual de entreguerras. Algunos de ellos se han centrado en el fenómeno antifascista: Andrés Bisso, Ricardo Pasolini y Adriana Petra han brindado un marco importante y también han generado preguntas para futuras investigaciones.[10] Otros autores abordaron específicamente la trayectoria de Héctor Agosti: Samuel Schneider, Arturo Zamudio, Julio Bulacio, Néstor Kohan.[11] Sus trabajos, junto con los de Daniel Campione y Alejandro Cattaruzza, conformaron la base sobre la que se apoyó esta investigación iniciada en 2006 en el marco del taller de tesis de la maestría en Investigación histórica de Udesa.[12]

En ese entonces eran pocas las investigaciones sobre la figura de Agosti y sobre el lugar que ocuparon los marxistas locales en los debates intelectuales. En los últimos años, probablemente debido a una combinación de factores, como el crecimiento de ámbitos institucionales para las investigaciones historiográficas o el apaci-

intelectual, nro. 6, Universidad Nacional de Quilmes, 2002.
10   Véase Andrés Bisso, *El antifascismo argentino,* CeDinCi Editores/Buenos Libros, Buenos Aires, 2007; Ricardo Pasolini, "Intelectuales antifascistas y comunismo durante la década de 1930. Un recorrido posible: entre Buenos Aires y Tandil", en www.historiapolítica.com (consultado 15 de agosto de 2008); Marcela García Sebastiani (ed.), *Fascismo y antifascismo, peronismo y antiperonismo,* Iberoamericana-Veuvert, Madrid, 2006; Adriana Petra, "Cosmopolitismo y nación: Los intelectuales comunistas argentinos en tiempos de la Guerra Fría (1947-1956)", en *Contemporánea,* vol. 1, Montevideo, 2010.
11   Samuel Schneider, *Héctor P. Agosti. Creación y milicia,* Editorial Grupo de amigos de Héctor P. Agosti, Buenos Aires, 1994; Arturo Zamudio Barrios, *Las prisiones de Héctor P. Agosti* (II Tomos), CEAL, Buenos Aires, 1992; Julio Bulacio, *Intelectuales y Partido: Héctor P. Agosti y las políticas y prácticas culturales del PCA, 1950-1959,* s/datos; Néstor Kohan, *De Ingenieros al Che,* Biblos, Buenos Aires, 2000; Daniel Campione, "El Partido Comunista de La Argentina, apuntes sobre su trayectoria", en Elvira Concheiro, Massimo Modonesis y Horacio crespo (eds.), *El comunismo: otras miradas desde América Latina,* UNAM, México, 2007; Alejandro Cattaruzza, "Visiones del pasado y tradiciones nacionales en el Partido Comunista Argentino (1925-1950)", en *A contracorriente, una revista de historia social y literatura de América Latina,* vol. 5, nro. 2, 2008.
12   La primera versión de esta investigación se tituló *Héctor Agosti, el difícil equilibro. Partido Comunista e intelectuales (1935-1963),* tesis de maestría defendida en diciembre de 2008 ante un jurado compuesto por Lila Caimari, Patricio Geli y Sergio Serulnikov como mentor (Universidad de San Andrés, Buenos Aires).

guamiento del debate político en torno al comunismo (luego de más de un cuarto de siglo desde la caída del muro de Berlín), los análisis sobre el rol del comunismo van ganando en calidad y profundidad. Ejemplo de esto son los trabajos de Adriana Petra, cuya perspectiva, a la vez crítica y ecuánime, se apoya en un amplio manejo de fuentes y ha logrado delinear el perfil de los intelectuales comunistas argentinos.[13] Asimismo, el reciente libro de Alexia Massholder abreva en una gran cantidad de fuentes (muchas de ellas testimoniales e inéditas) con las que, en consonancia con los trabajos de Kohan y Bulacio, busca, por un lado, resaltar la tarea pionera de Agosti y el PCA en la incorporación de Antonio Gramsci a los debates intelectuales latinoamericanos y, por otro, destacar la vigencia y originalidad de las ideas de Agosti.[14] Si bien el presente libro comparte el objetivo de reconstruir el lugar ocupado por Agosti en la cultura comunista y captar sus diálogos o cruces con otras tradiciones de pensamiento, aquí se propondrá un análisis diferente respecto de la relación entre Agosti, el comunismo, el liberalismo y el peronismo.

4. Descripción

La periodización de esta investigación está vinculada al propio itinerario biográfico de Héctor Agosti. En primer lugar, se ha buscado reconstruir sus inicios, durante los años treinta, tanto en la militancia política como, sincrónicamente, en su carrera de escritor. En segundo lugar, se analiza su progresiva consolidación como referente cultural del PCA, hasta el momento en el que formó parte, primero, de la Comisión de Cultura, y luego de la Comisión Política del Partido, instancia con la que se cierra esta investigación. De este modo, se intentará dar cuenta del proceso a través del cual fue constituyéndose como uno de los intelectuales orgánicos más importantes del PCA. ¿Qué experiencias fueron fundamentales? ¿En qué espacios y organizaciones se llevaron a cabo? ¿Mediante cuáles vínculos y bajo qué funciones? ¿Cómo se enfrentó a los principales

---

13 Adriana Petra, "El momento peninsular: la cultura italiana de posguerra y los intelectuales comunistas argentinos", *Revista Izquierdas*, año 3, n° 8, 2010; *Intelectuales comunistas en la Argentina (1945-1963)*, tesis doctoral inédita, Universidad Nacional de La Plata, 2014.
14 Alexia Massholder, ob. cit.

debates que marcaron el vínculo del PC con el campo cultural e intelectual de ese período?

En el primer capítulo se analizará el momento del antifascismo (1935-1946), cuando frente al temor ante el avance del enemigo fascista la Internacional Comunista adoptó la estrategia de Frentes Populares. A partir de allí se promovió la participación en el partido de los intelectuales y artistas, y se estimuló la formación de vínculos entre estos intelectuales orgánicos y el resto del campo intelectual. La existencia de un enemigo común justificaba la vinculación con figuras y tradiciones de pensamiento hasta entonces desdeñadas por pequeño-burguesas. En esta coyuntura la figura de Agosti (recogiendo el legado de Aníbal Ponce) se torna relevante pues permite analizar una serie de problemas y prácticas: cómo se insertaron los comunistas en este clima de confluencias antifascista, y cómo se fueron generando tensiones, tanto por fricciones internas como por cambios en la política internacional, por ejemplo a raíz del pacto Ribbentrop-Molotov (1939).

En el segundo capítulo se reconstruirán las definiciones que hizo Agosti sobre el "deber ser" de intelectuales y artistas, en lo referido a su relación con la política. Agosti hacía un llamado a la politización como única *vía moral* a seguir por parte de la intelectualidad; una politización que a sus ojos se fortalecía al ser encauzada por el Partido Comunista. Consideraba que las circunstancias de entreguerras hacían imposible la neutralidad: o se tomaba partido o se era cómplice del fascismo. Su paso por la prisión, durante los años treinta, fue una demostración en carne propia de su compromiso con la causa revolucionaria, y para gran parte del movimiento antifascista su figura de joven prisionero fue un símbolo y un síntoma de la represión estatal y del avance del fascismo en Sudamérica. Escribiendo desde la cárcel (el diario *Crítica* publicaba a doble página sus artículos), Agosti establecía parámetros acordes a los dispuestos por el partido, determinando qué era lo que se esperaba de los intelectuales y artistas para ser considerados "revolucionarios".

El golpe de estado de 1943 produjo en la Argentina aprisionamientos y exilios de comunistas y antifascistas, cuestión que se analizará en el tercer capítulo. Ante esta situación resurgieron confluencias ya desgastadas; se volvía a pensar en alianzas y valores compartidos (luego de la irrupción de la noticia del pacto Hitler-Stalin). Tanto los comunistas como el resto de las fuerzas políticas que se autodenominaban "democráticas" abrevaron de una tradición historiográfica basada en el panteón liberal y en la tradición de Mayo. En este contexto Agosti pergeñó una genealogía histórica que incorporaba al linaje comunista a figuras como Domingo F. Sarmiento, José Ingenieros y Esteban Echeverría. Aun cuando la derrota de la Unión Democrática en 1946 marcó un quiebre, puede rastrearse una continuidad en el paso de figuras intelectuales del antifascismo al antiperonismo.

El triunfo del peronismo provocó un desconcierto en sectores de la intelectualidad que dio lugar a diferentes reacomodamientos. Gran parte de la historiografía ha considerado que este traspaso del antifascismo al antiperonismo fue automático y homogéneo. Sin embargo, las trayectorias de Agosti y de algunos sectores del comunismo demuestran lo contrario. En el cuarto capítulo se abordarán los diversos posicionamientos de Agosti frente al peronismo. Si bien durante el primer gobierno peronista Agosti compartió espacios con los antiguos aliados antifascistas, por ejemplo a raíz de la conmemoración del centenario de la muerte de Echeverría, el libro publicado en 1951 sobre Esteban Echeverría dio muestras de un distanciamiento respecto del antiperonismo. Agosti centró sus críticas no tanto en el peronismo, sino en el accionar de los sectores liberales. De este modo procuraba despegarse de las coaliciones "eclécticas", acusando a estos sectores de ser los responsables "históricos" de la crisis argentina. Esta dirección se profundizó aún más luego de la Revolución Libertadora (1955), cuando Agosti se separó de manera más tajante de la tradición liberal. Las derivas de estos análisis se plasmaron en sus libros de 1959, *El Mito Liberal* y *Nación y Cultura*. Estos textos colocaron a Agosti como el interlocutor de sectores vinculados al peronismo. Valga como ejemplo la opinión de Juan José Hernández Arregui, quien en su libro *La Formación de la conciencia nacional* (*best seller* a principios de los años sesenta), consideró que Agosti era quien había argumentado más sólidamente desde el campo del marxismo una distinción entre la tradición de pensamiento liberal y la democrática. Tres décadas después, Oscar Terán señaló el rol que jugaron estos textos de Agosti y sus tempranos usos de conceptos gramscianos en la conformación de un clima de ideas que dio origen a la "nueva izquierda".[15]

A modo de cierre, en el quinto capítulo, se analizará el conflicto que derivó en la expulsión del grupo *Pasado y Presente*, momento definitorio de la función que cumplía Agosti dentro de su

---

15   Oscar Terán, *Nuestros años sesentas*, Punto Sur, Buenos Aires, 1991.

partido. En aquel entonces, Agosti sentó su posicionamiento de defensa del partido como único canal de las actividades intelectuales y políticas. Las tensiones y conflictos que implicó asumir ese rol formaron parte del dilema irresoluble del intelectual de partido.

Capítulo I

El antifascismo y *El hombre prisionero*

1. La politización de los intelectuales durante los años treinta

En la política argentina la década del treinta se inauguró con el golpe militar encabezado por el general José Félix Uriburu. El 25 de junio de 1931, el escritor Leopoldo Lugones dirigía al entonces presidente Uriburu una carta de puño y letra en la que le solicitaba, entre otras cosas, audiencia para tratar "los asuntos del comunismo", y se despedía firmando como "su fiel amigo y soldado".[1] Esta correspondencia, con su preocupación por controlar la "amenaza comunista", resulta ilustrativa en cuanto muestra un clima en el que el comunismo se convirtió en objeto de una creciente vigilancia y represión por parte del Estado. El gobierno de facto estableció el estado de sitio y organizó la denominada Sección Especial de represión al comunismo de la Policía Federal, dirigida por Leopoldo Lugones hijo. Como la prisión formaba parte de las prácticas políticas, las cárceles absorbían un número creciente de presos políticos. Los principales perseguidos fueron radicales, anarquistas y comunistas.[2]

En 1932, como resultado de elecciones fraudulentas, asumió como primer mandatario Agustín P. Justo, quien restableció el funcionamiento de algunos mecanismos constitucionales y procuró mermar las medidas represivas.[3] Sin embargo, éstas no des-

1 AGN, Argentina, Archivo Uriburu (sala VII).
2 Véase Laura Kalmanowiecki, "Origins and aplications of Political Policing in Argentina", en *Latin American Perspectives*, vol. 27, nro. 2 (marzo de 2000); según la autora, el gobierno de Uriburu deportó y torturó anarquistas, radicales y comunistas, ejecutando al menos a cinco personas.
3 Tulio Halperin Donghi, *La República imposible (1930-1945)*, Ariel/Planeta,

aparecieron, ya que durante su gobierno se restauró, de manera intermitente, el estado de sitio. Además se sistematizó y aumentó el presupuesto de la Sección Especial de la policía, con el objetivo de monitorear a los partidos políticos y a las actividades sociales consideradas opositoras, en especial con el objetivo de erradicar de la escena política al "yrigoyenismo", pero también como reacción al crecimiento de sectores considerados "subversivos". Se decretó la organización de la Sección Prensa dependiente del secretario de la presidencia de la República, cuya finalidad era, según figuraba en el propio decreto, "desvirtuar toda propaganda tendenciosa, en defensa de los elevados intereses de la Nación", tomando como caso ejemplificador al diario platense *Camarada,* censurado debido a que "exterioriza una ideología marcadamente comunista".[4]

Existe cierto consenso en la historiografía en considerar a los años treinta como un momento en el que se profundizó la politización de la sociedad y en particular del campo intelectual y cultural. Oscar Terán, Silvia Sigal y Tulio Halperin Donghi han concordado en que, a medida que avanzó la década, gran parte de la intelectualidad argentina fue definiéndose ideológicamente y posicionándose políticamente en torno a la polarización entre fascismo-antifascismo.[5] Ya desde la década del veinte, observamos en el "grupo Boedo" una generación literaria que mostraba su propensión al compromiso social. Este grupo, conformado inicialmente en vínculo con la editorial *Claridad,* ubicada en la calle Boedo de la ciudad de Buenos Aires y dirigida por el socialista español Antonio Zamora, constituyó el antecedente a una tendencia que se reforzará en la década del treinta.[6] Como lo observó Sylvia Saítta, en esta época los sectores de izquierda dentro del campo intelectual se caracterizaron por su creciente capacidad organizativa, que se plasmó en la proliferación

Buenos Aires, 2004.
4 AGN, Archivo Justo (sala VII).
5 Silvia Sigal, *Intelectuales y poder en Argentina, la década del sesenta*, ob. cit.; Oscar Terán, *Ideas en el siglo: intelectuales y cultura en el siglo XX latinoamericano*, Siglo XXI, Buenos Aires, 2004; Tulio Halperin Donghi, *La Argentina y la tormenta del mundo. Ideas e ideologías entre 1930 y 1945*, Siglo XXI, Buenos Aires, 2003; Ricardo Pasolini, "Intelectuales antifascistas y comunismo durante la década de 1930. Un recorrido posible: entre Buenos Aires y Tandil", en www.historiapolitica.com/biblioteca (consultado 20 de abril de 2013).
6 Liliana Cattáneo, *La izquierda argentina y latinoamericana en los años 30, el caso Claridad*, Tesis de maestría, Universidad Torcuato Di Tella, Buenos Aires, 1992; Jorge Abelardo Ramos, *El Sexto Dominio*, Plus Ultra, Buenos Aires, 1972, pp. 27-29; AA.VV., *Los escritores de Boedo*, selección de Carlos Giordano, CEAL, Buenos Aires, 1968.

de encuentros, proyectos editoriales, etc. Todas estas actividades estaban marcadas por el optimismo de sus formulaciones, así como por la gran influencia y atracción que ejercieron acontecimientos internacionales como la Revolución Rusa.[7] Desde el ámbito cultural local se seguían con atención los sucesos en torno a la crisis económica norteamericana de 1929, ya que se la consideraba un golpe profundo para el régimen capitalista, al que se comparaba con el régimen comunista soviético, que parecía sortear airoso las crisis. Asimismo el comunismo estalinista organizado internacionalmente en el Comintern buscó posicionarse como una fuerza capaz de contrarrestar el avance fascista, procurando ocupar un lugar hegemónico en el movimiento antifascista.

En la Argentina, el Partido Comunista era electoralmente poco significativo pero tenía una importante inserción en el mundo de la clase obrera, en sindicatos y organizaciones obreras; y también en emprendimientos culturales, bibliotecas populares, periódicos, clubes deportivos, etc.[8] Esta creciente presencia del comunismo se topó con el avance contundente de los sectores de la derecha política. El golpe de estado de Uriburu abrió un espacio para el crecimiento de los sectores nacionalistas de derecha y profascistas, que iban ganando la escena pública. En este sentido, se publicaban numerosas revistas de corte nacionalista y católicas, como *Nueva República*, el diario católico *El Pueblo*, *Bandera Argentina*, *Crisol*, *La Fronda*. Asimismo, se crearon agrupaciones nacionalistas como Legión Cívica Argentina, luego Acción Nacionalista Argentina y la Legión de Mayo; en 1932, incluso, se fundó el Partido Fascista Argentino. El anticomunismo conformaba uno de los pilares del discurso de los sectores de derecha, que profundizaban sus resquemores ante los avances del "bolchevismo" o "peligro rojo".[9] Esto se reflejó, por

---

7   Sylvia Saítta, "Entre la cultura y la política: los escritores de izquierda", en *Crisis económica, avance del Estado e incertidumbre política (1930-1943)*, A. Cattaruzza (coord.), Sudamericana, Buenos Aires, 2001.
8   Véase Hernán Camarero, *A la conquista de la clase obrera. Los comunistas y el mundo del trabajo en la Argentina, 1920-1935*, ob. cit., cap. IV.
9   Véase por ejemplo Loris Zanatta, *Del Estado Liberal a la Nación Católica. Iglesia y Ejército en los orígenes del peronismo 1930-1943*, Editorial de la Universidad Nacional de Quilmes, 1996, p. 106; Alain Rouquié, *Poder militar y sociedad política en la Argentina*, vol. I (hasta 1943), Emecé, Buenos Aires, 1981, pp. 208; 224; 274/275; María Inés Tato, "El ejemplo alemán. La prensa nacionalista y el Tercer Reich", en *Revista de la Facultad de Humanidades de la Universidad Nacional de Salta*, año VI, nro. 6, 2007, www.unsa.edu.at/histocat/revista (consultado 2 de mayo de 2008).

ejemplo, en la presentación por parte del senador Matías Sánchez Sorondo de un proyecto de Ley sobre represión al comunismo, discutido en el Senado en diciembre de 1936.[10] Si bien el eje central de la política local estaba vinculado al conflicto en torno al partido radical (UCR), que era la fuerza electoral mayoritaria, nos interesa reconstruir un clima de época en el que los sectores de izquierda, y en particular del comunismo, se percibían como amenazantes. Desde la derecha católica se fue construyendo un discurso (acompañado de prácticas político-represivas) en el que se mezclaron los argumentos anticomunistas con los antiliberales, generando un espacio de acercamiento que se cristalizará en el antifascismo.

En medio de acontecimientos internacionales y locales movilizantes, y de una generalizada discusión acerca del rol social y del grado de compromiso de los intelectuales y los artistas, el PC pudo ser considerado como una vía para canalizar una búsqueda. La presencia del comunismo en el ámbito cultural se profundizó con el viraje estratégico del año 1935, tanto en la Argentina como en el resto de Latinoamérica y Europa occidental. Un ejemplo de ello fue el acercamiento a este partido (algunos en calidad de afiliados y otros de compañeros de ruta) de escritores como Raúl González Tuñón, Roberto Arlt, Leónidas Barletta, Elías Castelnuovo y Álvaro Yunque; pintores como Juan Carlos Castagnino, Antonio Berni, Lino Spilimbergo, Raúl Lozza y Tomás Maldonado; y músicos como Osvaldo Pugliese, Atahualpa Yupanqui, entre otros. En el resto de América, pueden mencionarse los casos de Diego Rivera, Frida Kahlo, David Alfaro Siqueiros, en México; de Pablo Neruda y Vicente Huidobro, en Chile; y de Jorge Amado, Cándido Portinari, Vinicius de Moraes y Oscar Niemeyer, en Brasil. Esto respondía a una situación análoga en Europa y particularmente en Francia e Italia.[11]

Fue en este contexto antifascista que Héctor Agosti se formó políticamente. Afiliado a la Juventud Comunista desde 1927, su experiencia como militante de la agrupación estudiantil *Insurrexit* y su participación en publicaciones comunistas lo condujeron a la prisión durante el gobierno de Justo. Su prolongada detención, las torturas sufridas en la Sección Especial y su delicada condición física generaron la solidaridad de amplios sectores de lo que se iba

10 Matías G. Sánchez Sorondo, *Represión del Comunismo. Proyecto de Ley, informe y antecedentes por el Senador,* Ediciones de la Imprenta del Congreso Nacional, Buenos Aires, 1938/40.
11 David Caute, *El comunismo y los intelectuales franceses (1914-1966)*, Oikos-Tau ediciones, Barcelona, 1968.

conformando como el movimiento antifascista de la Argentina. Su figura fue percibida como un símbolo de la persecución política sufrida por los comunistas.

2. El año 1935 y los ámbitos culturales antifascistas

> Antifascista: ¿Has enviado tu aporte para que los hermanos españoles tengan una ambulancia más? ¿Has obtenido que otro lo haga también?
>
> *Orientación*, 19 de marzo de 1937

El acercamiento de personalidades intelectuales y artísticas a las filas del PC fue parte de los rasgos de la sensibilidad político-ideológica de la época. Para comprender este momento dinámico del PC argentino y su inserción en el movimiento antifascista, es preciso atender a ciertos elementos que explicarían la atracción ejercida por el comunismo. En primer lugar, la percepción de la experiencia de la Revolución Rusa y la presencia de la Unión Soviética como "prueba" de que el socialismo no era una utopía. La Unión Soviética, por su parte, alentaba los viajes de intelectuales para que ellos fueran testigos del proceso revolucionario con el objetivo de que se convirtieran en sostén de la causa comunista, aunque no siempre obtenían el apoyo esperado. Figuras diversas, entre las que puede destacarse a Víctor Haya de la Torre, Aníbal Ponce, Elías Castelnuovo, Julio Antonio Mella, Diego Rivera y Rodolfo Puiggrós, pasaron por la experiencia de viajar a la URSS y algunos de ellos registraron sus percepciones. Por otro lado, ejercía atracción entre ciertos sectores de la intelectualidad la teoría marxista-leninista que actuaba como una suerte de respaldo "científico"-revolucionario, proveyendo a los comunistas de una explicación del devenir de la historia, confiriéndoles un alto grado de solidez organizacional y de certeza en su accionar.

Pero fue con el cambio de la política partidaria que se impulsó la búsqueda de vincularse con sectores más amplios de la sociedad. Esta estrategia se cristalizó a partir del VII Congreso de la Internacional Comunista de 1935, cuando el búlgaro Georgi Dimitrov pronunció un discurso llamando a la unidad en contra del fascismo, en el que consideraba que tratar de impedir el avance de las fuerzas reaccionarias debía ser prioridad en los objetivos de lucha partidaria. Dimitrov era para entonces una figura muy destacada en las filas del PC internacional, una suerte de ícono de la lucha contra el fascismo.[12] La estrategia antifascista fue adoptada rápidamente por el resto de las secciones del Comintern o partidos comunistas nacionales. En el caso de la Argentina, en octubre de 1935 se ratificó su implementación en la Tercera Conferencia Nacional en el barrio de Avellaneda.

Esta política se caracterizó por el fortalecimiento de los vínculos con sectores reformistas y liberal-democráticos, y por la búsqueda de construir alianzas con ellos. Si la organización partidaria local había logrado acercarse al proletariado con relativo éxito durante la etapa denominada de "clase contra clase", tanto en el ámbito sindical como en los espacios de sociabilidad obrera,[13] ahora se le otorgaba mayor valor y relevancia a los intelectuales y artistas, hasta entonces sospechados de pequeño-burgueses, que pasaban a ser un pilar del antifascismo. Siguiendo este camino se conformaron redes, organizaciones y espacios de lucha desde el ámbito cultural, caracterizados por sus intentos de apertura y creatividad. Se produjo la articulación, en torno a la idea antifascista, de un amplio espectro intelectual, que incluyó a una multiplicidad de sectores partidarios y no partidarios. Estos proyectos construyeron una identidad antifascista que excedía al comunismo, pero que vertebró la identidad comunista de aquella época. Se produjo, entonces, un clima de época que se cristalizó en emprendimientos culturales novedosos, que combinaban los antecedentes de las instituciones socio-culturales comunistas: bibliotecas, centros culturales, clubes deportivos, etc, con el trabajo en conjunto de sectores diversos del campo político y cultural, procurando incorporarlos y buscando puntos de confluencia.

Estas organizaciones estuvieron fuertemente influidas por las experiencias europeas y en particular francesas. El origen de la Agrupación de Intelectuales, Artistas, Periodistas y Escritores (AIAPE), una de las organizaciones más importante de este tipo, estuvo

---

12 Dimitrov fue enjuiciado en Alemania por el incendio del Reichstag en 1933; ante un tribunal nazi defendió su inocencia y su identidad comunista, y finalmente fue sobreseído. A partir de allí, su figura se convirtió en una suerte de arquetipo de comportamiento para los comunistas ante las adversidades y persecuciones por parte de los estados fascistas, en Jorge Dimitrov, *Selección de Trabajos*, Ediciones Estudio, Buenos Aires, 1972, pp. 259-264.
13 Véase Hernán Camarero, *A la conquista de la clase obrera*, ob. cit., pp. 219-283.

relacionado con el contacto que Aníbal Ponce (su fundador) mantuvo con Henri Barbusse y las agrupaciones formadas en el contexto antifascista francés.[14] Ponce había presenciado la conformación del *Comité de Vigilance des Intellectuels Antifascistes* y participado del Congreso Internacional de Escritores en Defensa de la Cultura. Su experiencia en el convulsionado clima parisino de 1935 y su viaje durante ese mismo año a la Unión Soviética fueron fundamentales para la dirección que adoptaron las agrupaciones antifascistas vinculadas al comunismo en la Argentina.

Muchas de las redes institucionales que se conformaron eran filiales locales de organizaciones internacionales. Tal era el caso de Socorro Rojo, el Comité Latinoamericano contra la guerra imperialista, el Comité Antifascista y Antiguerrero, o el Comité de Ayuda Antifascista, sección Argentina, que recogía el llamado del Comité Internacional de Ayuda Antifascista, con sede en París, cuyo presidente era Romain Rolland. Desde estos comités se hacía un llamado abierto a todos los intelectuales, obreros, estudiantes, gremios, partidos políticos y entidades culturales. Este fenómeno se enmarcaba en un clima general, en el que primaba el objetivo de incorporar gente y concientizar sobre el peligro que representaba la acometida fascista.

Con el desencadenamiento de la Guerra Civil Española el movimiento antifascista se movilizó e intensificó aún más sus actividades. El ataque a la República Española generó amplias solidaridades en países como la Argentina, con una tradición muy fuerte de migraciones españolas. En ese clima, aquellos que se opusieran a este avance se veían empujados a tomar partido y a comprometerse en la defensa, de ser posible armada, de la causa republicana. El hecho de que la Unión Soviética apoyara materialmente a las fuerzas republicanas, mientras que Francia y Gran Bretaña permanecieron neutrales en el conflicto, fue visto por muchos como una prueba del compromiso comunista en la lucha contra los regímenes nazi-fascistas, en este caso falangista. Para la ayuda a los republicanos se conformaron las denominadas "Brigadas Internacionales", unidades milicianas compuestas por voluntarios extranjeros, cuya sede internacional de reclutamiento se encontraba en París, bajo la

---

14 Herbert Lottman, *La Rive Gauche. La elite intelectual y política en Francia entre 1935 y 1950*, Tusquets, Barcelona, 1994; y "La literatura Moderna y la Cultura" (Congreso Internacional de Escritores), *Cuadernos Mundo*, nro. 1, 1935, Ediciones Mundo, Montevideo, 1935.

dirección del PC de la Unión Soviética y del PC francés.[15] Compuestas en su mayoría por voluntarios franceses, alemanes, italianos, británicos y norteamericanos, también contaron con alrededor de mil voluntarios latinoamericanos, que partieron a defender la República Española. Desde Argentina partieron alrededor de quinientos voluntarios, entre ellos personalidades relacionadas al PC como Victorio Codovilla, Fanny Edelman (delegada de Socorro Rojo), Raquel Levenson, Juan José Real, Benigno Mochkowsky, Gregorio Bermann y Cayetano Córdova Iturburu (enviado como corresponsal del diario *Crítica*), quien, junto con Raúl González Tuñón, participó del Segundo Congreso Internacional de Escritores de 1937 en España.[16]

La etapa que comenzó en 1935 generó, entonces, el florecimiento de proyectos y espacios culturales-politizados que conformaron una red cultural de izquierda antifascista: editoriales, agrupaciones, ateneos, grupos teatrales, en los que el comunismo logró establecerse en vinculación con sectores democrático-liberales.[17] La implementación de esta estrategia provocó una mejoría en el posicionamiento del PC local, aumentó el número de afiliados y simpatizantes, en parte por la vuelta a la legalidad de ese partido en el año 1936.[18]

---

15   Alberto Portas Gómez, *España, La guerra civil y los silencios*, Tesis XI, Buenos Aires, 1999.

16   Aníbal Ponce estuvo en España unos años antes de la guerra; formó parte de la comisión de encuestas, recolectando datos sobre las agresiones sufridas por los antifascistas en España. Véase Aníbal Ponce, *Obras Completas*, Cártago, Buenos Aires, 1974, t. 3, p. 145.

17   Por "cultura de izquierda" Carlos Altamirano hace referencia al "subconjunto de significaciones que le confirieron identidad como sector de la vida política e ideológica argentina (...), cierta fundamentación doctrinaria, valores y rituales particulares, símbolos distintivos y una memoria histórica –una narrativa– más o menos específica". Véase Carlos Altamirano, *Peronismo y cultura de izquierda*, Temas, Buenos Aires, 2001, p. 10.

18   La combatividad del sector proletario sindicalizado pudo verse, por ejemplo, en la magnitud de la huelga general del 7 y 8 de enero de 1936, que incluyó enfrentamientos armados con las fuerzas policiales en las calles de Buenos Aires. Véase Iñigo Carrera, "La huelga general de masas de 1936: un hecho borrado de la historia de la clase obrera argentina", *Anuario IEHS*, nro. 9, Tandil, 1994. El análisis de la relación del Partido comunista con los sindicatos excede las posibilidades de este trabajo. Según Celia Durruty, *Clase obrera y peronismo*, Ediciones Pasado y Presente, Córdoba, 1969, un informe del Depto. Nacional del Trabajo detalló la influencia sindical de los comunistas, quienes dirigían los sindicatos: Federación Obrera de la Alimentación, Unión Obrera Textil, Sindicato Obrero de la Industria Metalúrgica y Federación Obrera Nacional de la Construcción.

Dentro de este florecimiento de proyectos culturales politizados, prestaremos especial atención a la AIAPE y al periódico *Orientación*, por los vínculos que los unían al PC y al antifascismo, y porque en ellos se puede rastrear el recorrido de Agosti en este contexto. AIAPE fue fundada en Buenos Aires el 28 de julio de 1935 por Aníbal Ponce. Contó con miembros intelectuales y artistas de diversas procedencias políticas como Cayetano Córdova Iturburu, Alberto Gerchunoff, Vicente Martínez Cuitiño, Emilio Troise, Raúl Larra, Gregorio Bermann, Álvaro Yunque, Liborio Justo, César Tiempo, Enrique González Tuñón, Dardo Cúneo, Rodolfo Puiggrós, Facundo Recalde, Lino Spilimbergo, Juan Carlos Castagnino, Emilio Pettorutti, entre otros. Si bien no era un órgano del partido, sus dirigentes eran comunistas o bien tenían una filiación muy marcada con el PCA, como fue el caso de Emilio Troise y Aníbal Ponce. Esta asociación contó con una editorial que publicó, entre otros, el libro de Rodolfo Puiggrós *De la colonia a la Revolución*. También editaron dos periódicos, *Unidad* y *Nueva Gaceta*. *Unidad* funcionaba como su órgano oficial y desde allí formulaban su llamado a "la unidad de todos los intelectuales y su agrupación alrededor de una bandera, la de la defensa de la cultura frente al peligro máximo que amenaza al mundo: el fascismo".[19] En parte, la condición de posibilidad de reunión con otros intelectuales no comunistas se hallaba en la percepción que el comunismo tenía del fascismo: era tanto un enemigo de clase como un enemigo de la cultura occidental, de los valores culturales occidentales, de los que el comunismo se sentía heredero.

Para 1936, según Aníbal Ponce, AIAPE tenía cuatrocientos asociados, y para 1937 contaban ya con alrededor de dos mil, y filiales en Rosario, Tandil, Tucumán, Corrientes, Paraná, Tala y Crespo, desde donde adherían, adoptando las bases de la asociación. Asimismo habían encontrado eco en agrupaciones similares en Montevideo (Centro de Trabajadores Intelectuales, que luego adoptará el mismo nombre), Paraguay y Chile, donde se llamaba Alianza de Intelectuales y estaba dirigida por Pablo Neruda. Contaban entonces con una presencia latinoamericana que se respaldaba en el reconocimiento que, desde París, les otorgaba el *Comité de Vigilance*. Su organización se disponía en distintas subcomisiones: la de artistas plásticos, médicos, pedagogos, escritores, e incluso una

---

19 *Unidad por la defensa de la cultura*, año 1, nro. 1, enero de 1936, en Andrés Bisso, *El antifascismo argentino*, ob. cit., Sección "Documentos", p. 115.

subcomisión de finanzas. Las decisiones más importantes se tomaban por medio de asambleas, en las que se elegía la dirección de la Asociación. Solían manifestar su orgullo por la calidad y el prestigio de los asociados, y por su relación con los pares franceses. Entre sus actividades realizaban conferencias y visitas de oradores a todas las filiales de interior del país, así como también actos públicos, debates, exposiciones de artistas plásticos, jornadas médicas, declaraciones y denuncias públicas.[20]

Al cumplirse un año de la existencia de la Asociación, Ponce declaró que "no ha ocurrido un solo atropello a la cultura nacional sin que AIAPE no lo haya denunciado a la opinión del país".[21] Uno de esos atropellos fue, como ya vimos, el encarcelamiento de Agosti, ante el cual la Asociación respondió con una serie de manifestaciones a las que, según los relatos, llevaban pancartas con las imágenes de Henri Barbusse y Máximo Gorki junto a la de Héctor Agosti.[22] Se denunciaba el caso del encarcelamiento político de Agosti como una prueba del poder del fascismo vernáculo.[23] Más tarde se lo compararía con uno de los presos del régimen fascista italiano: Antonio Gramsci, con quien el propio Agosti buscó establecer un paralelo biográfico.[24] En este sentido, el confinamiento de Agosti funcionó en el plano externo como constructor de lazos con el movimiento antifascista internacional, y en el ámbito local permitió el acercamiento al resto del antifascismo no comunista que se solidarizó

20 Por ejemplo, el pintor Antonio Berni expuso su muestra *Desocupados* en el primer salón de Arte de AIAPE, en 1935. Véase Horacio Tarcus (dir.), *Diccionario...*, ob. cit., p. 64.
21 Aníbal Ponce, *Dialéctica*, nro. 6 1936, en Andrés Bisso, *El antifascismo argentino*, ob. cit., Sección "Documentos", p. 121.
22 Henri Barbusse (1873-1935): escritor y periodista, miembro del PCF desde 1923; escribió el *Manifeste aux Intellectuels*, novelas como *El feu* y *L'Enfer*; viajó a la URSS donde escribió una biografía de Stalin, *Staline. Un monde nouveau*. Máximo Gorki (1868-1936): escritor, presidente del sindicato de escritores soviéticos, estalinista. Escribió, entre muchas otras obras, *Los bajos fondos* y *La Madre*.
23 James Cane, "Unity for the Defense of Culture: The AIAPE and the Cultural Politics of Argentine Antifascism, 1935-1943", *The Hispanic American Historical Review*, vol. 77, nro. 3, Aug. 1997, Duke University Press, p. 448.
24 Antonio Gramsci (1891-1937): escritor, periodista y dirigente comunista. Fundador del periódico *L'Ordine Nuovo*, colaborador de *La cittá futura*. En 1919-1920 participó en los Consejos de fábrica de Turín. Fue Secretario General del PC italiano y miembro del Comité Ejecutivo de la III Internacional. Viajó a la URSS, y fue diputado durante el régimen mussoliniano. En 1926 fue detenido y juzgado en 1928; desde entonces estuvo en prisión. En 1933 se inició una campaña internacional por su liberación integrada entre otros por Romain Rolland y Henri Barbusse. Murió en 1937, luego de casi diez años de cárcel fascista.

con su causa, apoyando los actos organizados para su liberación, visitándolo en la cárcel (como veremos más adelante), o, como en el caso del director del diario *Crítica*, Natalio Botana, otorgándole la posibilidad de publicar en las páginas de su periódico artículos escritos desde la cárcel.[25]

Fue en este clima de confluencias antifascista que Agosti se formó tanto políticamente como en su faceta de escritor, al ser parte del grupo de intelectuales comunistas que provenían de la militancia universitaria, vinculados a la figura de A. Ponce. Sus primeros escritos, que analizaremos más adelante, fueron ensayos sobre la importancia de las cuestiones culturales en la concientización política, sobre la responsabilidad política del intelectual, sobre las derivas políticas de la Reforma Universitaria (1918) o el problema del intelectual y el partido.

En este contexto, la temática antifascista motivó también la aparición de numerosas publicaciones alusivas, entre ellas el semanario comunista *Orientación*, que daba justamente cuenta de este nuevo clima. Su preocupación central giraba en torno a los frentes populares, y su función era plasmar las líneas partidarias en torno al movimiento antifascista. Desde su aparición en septiembre de 1936 con el nombre de *Hoy*, se publicaron allí una serie de artículos sobre la problemática frentista, muchas veces dirigidos al socialismo, al radicalismo o a la democracia progresista, con el fin de estimular alianzas y abrir el juego político. Un antecedente de la intención de los comunistas de establecer alianzas con otros sectores partidarios puede observarse ya en 1932 en el periódico de la agrupación estudiantil *Insurrexit*, también vinculado a la formación de Agosti. Allí se proponía el uso de "el arma del frente único", que, ante la represión estatal, los inclinaría hacia una "unión de hierro por sobre toda ideología política", fuera radical, socialista, comunista o anarquista.[26] Esto sirve como muestra de la temprana propensión de los grupos vinculados a Agosti a generar espacios de confluencia, incluso durante el período de la estrategia de "clase contra clase".

El deseo de los comunistas de acercarse a otras fuerzas políticas, especialmente al radicalismo y al socialismo, era muy claro en las páginas de *Orientación*. Allí se pregonaba por la conjunción de fuerzas democráticas, se resaltaban los puntos de contacto, especialmente rechazando la corrupción gubernamental o la repre-

25   Sobre el diario *Crítica* véase Sylvia Saitta, *Regueros de tinta*, Siglo XXI, Buenos Aires, 2013.
26   *Insurrexit*, 1 de diciembre de 1932, año II, nro. 2.

sión de los gobiernos considerados ilegítimos.[27] La defensa de la democracia, así como el posicionamiento ante los conflictos en la política internacional, les permitía entablar un diálogo y pensar en posibles alianzas. La escena internacional ocupó un lugar central en las páginas del semanario Orientación. La preocupación por la amenaza del avance nazi-fascista y por los acontecimientos en torno a la guerra en España estimulaba los actos de solidaridad. Desde su primer número aparecieron en la portada fotos y artículos sobre España, sobre Dolores Ibarburri "La Pasionaria", o sobre la muerte del poeta Federico García Lorca, llamando a salvar a la cultura. En los titulares se leía: "¡No pasarán! (...) Madrid debe ser y será la tumba del fascismo".[28] Junto a éstos y en la misma lógica de denuncia del avance del fascismo, esta vez en la Argentina, aparecían los artículos sobre la prisión de Agosti.

En conclusión, AIAPE y Orientación fueron entonces los dos emprendimientos más importantes de la política cultural antifascista-comunista. En ambos, la figura del joven Agosti ocupó un espacio destacado. No sólo se le dedicaron portadas de Orientación, sino que también, una vez fuera de la cárcel, se lo convocó para que fuera secretario de AIAPE. El contacto y los diálogos con el resto de la intelectualidad se generaron a partir de una experiencia que lo diferenció: la prisión política. El encarcelamiento fue una experiencia lo suficientemente corriente y extendida como para generar solidaridad y comprensión por parte de sus pares y de la sociedad.[29] El suyo no era un caso aislado. Entre otros casos destacados, puede mencionarse el de Raúl González Tuñón, en 1935, y el de Rodolfo Ghioldi, encarcelado en Brasil, el mismo año, por el alzamiento frustrado de Luiz Carlos Prestes.[30] La cárcel como prueba del compromiso con la causa defendida marcó en gran medida el itinerario

---

27   Orientación, 10 de febrero de 938 y 15 de enero de 1937.
28   El propio director de Orientación, Cayetano Córdova Iturburu, fue corresponsal en la Guerra española, lo cual explica la centralidad que este tema tenía en la publicación. Según Susan Sontag, la Guerra Civil Española fue la primera guerra atestiguada y cubierta en sentido moderno, con fotógrafos profesionales que registraban las acciones militares. Véase Susan Sontag, Ante el dolor de los demás, Alfaguara, Madrid, 2003.
29   Tulio Halperin Donghi, en sus memorias, relató su propia estadía en la cárcel de Devoto debida a su militancia universitaria en el año 1945, considerándola una experiencia frecuente. Véase Tulio Halperin Donghi, Son memorias, Siglo XXI, Buenos Aires, 2008, pp. 156-160.
30   Isidoro Gilbert, La Fede: Alistándose para la Revolución, Sudamericana, Buenos Aires, 2011, n. 512.

de Agosti, como el de otros militantes. Pero su caso se diferenció y se hizo bandera antifascista, por lo prolongado de su estancia carcelaria (más de tres años), las torturas sufridas en la Sección Especial, su débil condición física, las movilizaciones por su libertad y la posibilidad de denunciar públicamente las irregularidades de su proceso condenatorio. Siguiendo la tradición de conducta comunista, Agosti se mantuvo activo a tal punto que su primer libro, *El hombre prisionero*, fue escrito durante su estadía carcelaria.

3. Oficiar de nexo

El año 1935 constituyó un momento de cambios en el posicionamiento del PCA, ya que ante el avance de las fuerzas fascistas buscaron generar alianzas con sectores dispuestos a combatirlas. El estallido de la Guerra Civil española confirmó la urgencia de los tiempos que corrían: ya no podía sortearse la toma de posición política. Con la opción por las democracias representativas en crisis y el crecimiento de la amenaza del fascismo, el PC ganó cierto protagonismo en la escena política y cultural local. Su búsqueda de acercamiento a los sectores intelectuales y con partidos como el radical le permitió aumentar su gravitación. En este contexto, de acuerdo al análisis de Tulio Halperin Donghi, Aníbal Ponce fue la figura que funcionó como nexo entre la intelectualidad liberal-democrática y el comunismo.[31]

Ponce era egresado del Colegio Nacional de Buenos Aires; estudió y abandonó la carrera de medicina en la Universidad de Buenos Aires, no obstante lo cual su producción intelectual y su carrera académica continuaron. Fue discípulo de José Ingenieros, con quien trabajó desde 1923 en la dirección de la *Revista de Filosofía*. En 1930 fundó, junto a otros intelectuales, el Colegio Libre de Estudios Superiores (CLES), espacio académico no estatal que ofrecía seminarios y publicaba la revista *Cursos y Conferencias*. En este espacio, si bien predominaba la intelectualidad liberal y socialista, la presencia de un intelectual cercano al PC como Ponce fue aceptada sin reticencias. Como vimos, también fue el fundador y director de AIAPE desde 1935. Tanto CLES como AIAPE constituyeron espacios de articulación y de contacto con intelectuales de diversos ho-

---

31 Tulio Halperin Donghi, *La Argentina y la tormenta del mundo. Ideas e ideologías entre 1930 y 1945*, ob. cit., p. 145.

rizontes políticos, ya que fomentaban los intercambios abiertos con numerosos intelectuales y artistas argentinos y latinoamericanos. Ponce provenía de una formación liberal y positivista; sin embargo, desde fines de la década del veinte había comenzado a incorporar categorías marxistas en sus desarrollos teóricos y a entablar relación con el PC.[32] Según Halperin Donghi, Ponce "había tomado a su cargo articular la visión del país y del mundo del comunismo argentino".[33] Antes del golpe de estado de 1930, Ponce ofreció una conferencia en la facultad de Ciencias Económicas de la UBA, en la que hizo un llamado al compromiso de la intelectualidad ante los catastróficos acontecimientos que se vivían. Allí consideró que "la inteligencia es la levadura indispensable de la Revolución", por lo que interpelaba a sus oyentes y lectores para que abrazaran la causa del proletariado, que era a sus ojos también la causa de la inteligencia.[34] Sin embargo, debido al aumento de las persecuciones estatales y a la pérdida de sus fuentes de trabajo, en 1937 decidió exiliarse en el México de Lázaro Cárdenas, donde murió a causa de un accidente automovilístico en 1938. Consideramos que con su exilio y muerte ese rol articulador que identifica Halperin recaerá primero en un colectivo de intelectuales comunistas (Emilio Troise, Cayetano Córdova Iturburu, Gregorio Bermann, etc.) y luego, progresivamente, en la figura de Agosti, quien le imprimirá un estilo propio, diferenciándose sobre todo en esa, a veces reprochada, "prudencia" de Aníbal Ponce.[35]

Si bien Héctor Agosti pertenecía a una generación posterior a la de Ponce, había trabajado junto a él (publicando en *Cursos y Conferencias* y participando en AIAPE) y se consideraba discípulo suyo. Entre sus coincidencias, puede mencionarse que compartieron espacios institucionales y concepciones sobre el rol del intelectual y su vínculo con la política, y que ambos abandonaron sus carreras universitarias, sin por ello desprenderse de su condición de intelectuales. Sin embargo, hay sobrados elementos que permiten diferenciar sendos perfiles. En primer lugar, si bien Ponce se mani-

32   Véase Aníbal Ponce, ob. cit. y Oscar Terán, "Aníbal Ponce: ¿el marxismo sin nación?", Cuadernos de Pasado y Presente, nro. 98, México, 1983.
33   Tulio Halperin Donghi, *La Argentina y la tormenta del mundo*, ob. cit., p. 127.
34   Aníbal Ponce, "Los deberes de la inteligencia", en *Obras Completas,* ob. cit., T. III, p. 167.
35   Cayetano Córdova Iturburu señaló que a veces los jóvenes le reprochaban su excesiva prudencia, en *Cuatro perfiles y otras notas*, Problemas, Buenos Aires, 1941.

festaba abiertamente marxista-leninista, apoyando al comunismo y a la Unión Soviética, nunca se afilió al PCA. Agosti, en cambio, se había afiliado a la Juventud Comunista a los dieciséis años y pronto formó parte de la asociación estudiantil universitaria *Insurrexit*, militancia por la que debió enfrentar la experiencia del encarcelamiento y la tortura en la Sección Especial de la policía.

Durante el gobierno de Justo, Agosti fue detenido en varias oportunidades: ocho meses entre 1931 y 1932, cinco meses en 1932, junto con Jacobo Lipovetzky y Florindo Moretti, por aparecer como responsables de los periódicos *Bandera Roja* y *La Internacional*. Luego de un período de exilio en Montevideo, fue condenado a tres años de prisión a cargo del poder ejecutivo entre 1934 y 1937. El relato del paso de Agosti por la Sección Especial aparece reflejado en una carta manuscrita que redactó desde la cárcel de Villa Devoto (destino de muchos de los presos luego de haber estado en la Sección Especial). En dicha epístola Agosti relató de puño y letra las circunstancias de su detención y describió las torturas sufridas:

> Cárcel de V. Devoto, 21 - XII - 1934
>
> Queridos Camaradas de "Insu",
>
> Me dirijo a ustedes para plantear la cuestión de mi detención –así como la de otros camaradas– y las medidas que puedan tomarse para activar mi libertad y la de los demás presos por cuestiones sociales.
>
> Ustedes conocen las circunstancias en que fui detenido en plena calle el día 5 del cte. En la sección Especial contra el Comunismo donde igual que //// fui incomunicado durante 11 días, se me sometió a tortura: desnudo, atado de pies y manos, amordazado, vendado los ojos, se me aplicó corriente eléctrica en distintas partes del cuerpo, especialmente en los órganos genitales, destacándose en esta tarea los empleados //// y //// además de otros que no puedo determinar.
>
> Espero respuesta. Saludo cordialmente
>
> H. P. A.[36]

Según vemos en la epístola, y de acuerdo a lo relatado por Schneider, "Padeció la picana eléctrica y en la Penitenciaría Nacional conoció el famoso 'triángulo'", una celda triangular de un metro

---

36 Carta de Agosti a sus compañeros de *Insurrexit* desde la cárcel de Villa Devoto (archivos del CeDInCi), 21 de diciembre de 1934. Ver fotografía de la carta en anexo.

y medio de lado totalmente oscura, con un orificio en la parte inferior de la puerta, que se abría dos veces al día para ingresar el alimento y sacar los desechos.[37] La sentencia de Agosti a tres años de prisión fue más prolongada de lo que se acostumbraba con relación a presos políticos, por lo que generó una serie de declaraciones solidarias y la formación de un Comité a favor de su libertad. En él participaron el senador Lisandro de la Torre, el socialista Alfredo L. Palacios, Dardo Cúneo, Rogelio Frigerio, etc. Al manifiesto del Comité por la libertad de Agosti suscribieron también Mario Bravo, Emilio Ravignani, Benito Marianetti, Julio A. Noble, Augusto Bunge, César Tiempo, Álvaro Yunque, Raúl González Tuñón, Cayetano Córdova Iturburu, Aníbal Ponce y Samuel Eichelbaum, entre otras personalidades políticas e intelectuales de la época. También se publicó el folleto *Libertemos al estudiante Agosti*, en el que se relataba la repercusión del caso Agosti, la conformación del Comité pro-libertad, las denuncias por haber pasado un año y medio sin sentencia, los problemas de salud, las visitas que recibía. Allí aparecían opiniones sobre su caso de figuras de la época como los socialistas Max Dickman, Manuel Ugarte, Alfredo Palacios (en una entrevista para el diario *Crítica*), Aníbal Ponce, Benito Marianetti, Arturo Frondizi (futuro presidente de Argentina) y Julio Noble. Además, se organizó un acto para pedir por su libertad, en el que se repartieron pasquines con su imagen detrás de las rejas. Esta campaña se complementó con la aparición de artículos escritos por Agosti desde la cárcel, publicados en distintos medios gráficos. En el diario *Crítica* sus artículos eran acompañados por un epígrafe que presentaba a Agosti como "El prestigioso *leader* estudiantil, que hace poco acaba de cumplir su primer año de prisión, mientras se substancia el proceso que se le instruye por delito de pensar, escribe para nuestro diario desde la celda, en la cual no interrumpe sus estudios y labor de escritor".[38]

Tanto para los sectores políticos de izquierda como para algunos líderes radicales, la experiencia de Agosti se inscribía en una oleada de abusos del gobierno y de algunos grupos de derecha. Era uno más de los atropellos denunciados por Aníbal Ponce en 1936:

> El asesinato de Bordabehere, la condena dictada contra Raúl González Tuñón; la expulsión de quince alumnos de la Escuela de Bellas Artes; los agravios a los escritores argentinos lanzados en la

---

37 Samuel Schneider, *Héctor P. Agosti. Creación y milicia*, ob. cit., p. 33.
38 *Crítica*, 25 de diciembre de 1935.

Cámara de Diputados por el sector de la extrema derecha; la negación del derecho de asilo a propósito del exiliado boliviano Tristán Marof; el encarcelamiento irregular del escritor Héctor Agosti; el secuestro monstruoso del libro Tumulto de José Portogalo...[39]

En el periódico *Orientación* también aparecieron varios artículos referidos a su detención. El 17 de septiembre de 1936 pedían "un contraproceso popular a Agosti", proponiendo un tribunal "de frente al pueblo" para revisar su causa.[40] Considerada como un símbolo para denunciar la ilegitimidad de las autoridades gubernamentales, la prisión de Agosti colaboró para que su figura se transformara en un estandarte, una versión vernácula del héroe comunista en lucha. En el artículo "Héctor Pablo Agosti: dos años de prisión", del 12 de diciembre de 1936, se leía: [S]u nombre se ha transformado en la referencia obligada de cuantos quisieran documentar el alevoso cercenamiento de las garantías ciudadanas con que la reacción ha minado las bases de nuestro régimen constitucional.[41]

Los titulares "Agosti sigue preso", "Aprendiendo a pelear por la libertad de Agosti como se pelea por el salario, por la dignidad de la enseñanza o por la pureza del sufragio", "Una y otra vez volveremos sobre el tema. Agosti preso. La prisión de Agosti. El significado del encarcelamiento de Agosti",[42] reflejaban la relevancia que el comunismo otorgó a su caso, pues estaba en consonancia con la preocupación del PC por "popularizar estos ejemplos dignísimos de heroísmo proletario".[43] Para su partido, estos ejemplos debían difundirse, destacarse; el sacrificio no debía quedar en el olvido.

La reclusión de Agosti se desarrolló en la cárcel de Devoto y en la cárcel de encausados de Caseros. Luego de tres años y medio en prisión, fue liberado a fines de 1937.[44] En 1938 la editorial Claridad publicó su libro *El hombre prisionero,* un compilado de

39   Aníbal Ponce, *Dialéctica*, nro. 6, 1936, en Andrés Bisso, *El antifascismo argentino*, ob. cit., p. 121.
40   *Hoy*, año 1, 17 de septiembre de 1936.
41   *Orientación*, 12 de diciembre de 1936.
42   *Orientación*, 3 de marzo de 1937 y 19 de marzo de 1937.
43   Jorge Dimitrov, "Discurso-informe VII Congreso, 1935". *Obras Completas*, Editorial del PCB, 1954, en Marxists Internet Archive (www.marxists.org/archive), 2001.
44   Las fechas de su estadía en los diferentes presidios difieren según las fuentes consultadas. Por ejemplo en *Orientación*, el 5 de diciembre de 1936 se publicó un artículo titulado "Héctor Pablo Agosti: dos años de prisión", pero el 31 de julio de 1937 se publicó otro artículo según el cual Agosti estaba en prisión hacía cuatro años.

ensayos en el que se reúnen percepciones sobre la prisión con consideraciones políticas más generales, junto a ensayos críticos sobre la literatura y el arte. Además de formular cierta definición sobre lo que debía ser un "verdadero" intelectual revolucionario, el libro sirve, sobre todo, como ejemplo de la actitud que el militante comunista debía adoptar durante su estadía carcelaria: escribir, seguir pensando, no dejar que el ocio o la depresión ganaran. Era una *obra-ejemplo* para lectores militantes, cuya importancia y vitalidad radicaba en sus ensayos (que se analizarán a continuación), pero también en gran medida en su contexto de producción.

Cuando fue liberado, Agosti retomó su oficio de periodista y escritor, trabajó en revistas de la editorial Sopena, en los diarios *El Sol* y *Crítica* de Natalio Botana, y en la revista *Nosotros*.[45] También reanudó su colaboración en el periódico *Orientación*, dio una serie de cursos y conferencias en sindicatos y en la AIAPE, en su mayoría en referencia al problema de la Reforma Universitaria. También viajó al Uruguay para dictar cursos en la Universidad Popular de Montevideo, donde estableció vínculos duraderos de amistad con Enrique Amorim, Alfredo Mario Ferreiro, Jesualdo, Rodney Arismendi, entre otros. Desde 1941, cuando comenzó a ejercer como secretario de AIAPE, Agosti fue progresivamente ocupando espacios y consolidándose como escritor ensayista, construyendo un lugar en el campo intelectual argentino, con la particularidad de que la experiencia carcelaria le confería las credenciales del militante comprometido. Si bien tuvo un recorrido más orgánico al PCA que su antecesor Aníbal Ponce, la impronta "ponceana" resultó determinante para su concepción del marxismo y su labor como organizador cultural del PCA.[46]

4. Intelectuales, política y Partido

Ponce y Agosti compartieron el interés por un marxismo que incorporaba elementos heterogéneos y que buscaba el diálogo con otras corrientes ideológicas. Consideraban que la defensa de la

---

45 Samuel Schneider, *Héctor P. Agosti. Creación y milicia*, ob. cit., pp. 35-39.
46 Véase Ricardo Pasolini, "'La internacional del espíritu': la cultura antifascista y las redes de solidaridad intelectual en la Argentina de los años treinta", en Marcela García Sebastián (ed.), *Fascismo y antifascismo, peronismo y antiperonismo. Conflictos políticos e ideológicos en la Argentina (1930-1955)*, Iberoamericana, Madrid, 2006, p. 57.

cultura y la causa proletaria estaban unidas. Ambos tomaron posición en el debate que se dio en el período de entreguerras sobre el rol del intelectual y su relación con la política. Para contextualizar las concepciones de Héctor Agosti sobre este tema conviene aludir a algunos antecedentes en el debate sobre la figura del intelectual en la sociedad contemporánea, y a la discusión que existió en la tradición marxista sobre la relación de los intelectuales y el partido. En primer lugar, el propio término "intelectual" nos remite a los acontecimientos en torno al denominado *affaire* Dreyfus en Francia,[47] *affaire* que llegó a su punto más candente en 1898 cuando el escritor Emile Zola publicó el artículo "J'accuse…!", en el periódico francés *L'aurore*. Este alegato en favor de Dreyfus conmocionó a la Tercera República Francesa e instaló un debate público entre *dreyfusards* –quienes se posicionaban como defensores de los valores universales de verdad y justicia– y *antidreyfusards* –defensores de la nación y las razones de estado. Intelectuales y artistas como Marcel Proust, Anatole France, François Simiand, Georges Sorel, Claude Monet, Jules Renard, Emile Durkheim y Gabriel Monod, entre otros, adhirieron al reclamo por la revisión del juicio. Desde entonces la figura del intelectual incorporó a su definición un registro de intervención pública, con derivaciones políticas.[48]

La época de entreguerras intensificó el debate en torno al "deber ser" del intelectual. La Primera Guerra Mundial, con su saldo en millones de muertes y una destrucción material sin precedentes, significó un duro golpe en la concepción de la "civilización occidental burguesa", que parecía entonces entrar en decadencia. Ante la muerte de millones nadie podía sentirse exento o por encima de los acontecimientos. En este contexto de entreguerras, se produjo otro debate sobre la función de la intelectualidad, en el que se planteaba cuáles eran sus deberes para con la sociedad y cuáles los valores que debían respetar. En 1927 el francés Julien Benda publicó *La Trahison des clercs,* donde se planteaba la cuestión del papel que debían jugar los intelectuales ante los sucesos políticos

---

47   En 1894 el capitán francés Alfred Dreyfus fue acusado de haber entregado documentos militares a los alemanes, por lo que fue condenado a prisión perpetua y a destierro por el crimen de alta traición. Sin embargo, tanto la familia del capitán, como algunos periodistas y escritores se esforzaron por revisar este caso, plagado de irregularidades y con evidentes signos de un nacionalismo a ultranza y antisemitismo por parte del tribunal militar.

48   Véase Carlos Altamirano (dir.), *Términos críticos de sociología de la cultura*, Paidós, Buenos Aires, 2002, pp. 148-155; P. Ory y J. F. Sirinelli, *Les Intellectuels en France. De l'affaire Dreyfus à nos jours*, Armand Colin, París, 1992.

que estaban teniendo lugar en la sociedad de posguerra, con sus límites y responsabilidades.[49] El autor, que había sido defensor de Dreyfus durante los acontecimientos antes mencionados, sostenía que el compromiso del intelectual pasaba por la defensa de los valores universales de verdad y justicia. Para Benda la intelectualidad era el "clero" que protegía estos valores y, por lo tanto, debía alejarse de cuestiones mundanas como las pasiones políticas. Aquellos que perdían la imparcialidad, la ingenuidad y pasaban a ser funcionales a los intereses de un Estado, de una clase, o de causas que apelaran a lo irracional, como el nacionalismo o el racismo, cometían una "traición" a su verdadero deber como intelectuales o *clercs*. Esta concepción del intelectual "bendiano" representaba, principalmente, una crítica al avance de la derecha nacionalista francesa, en especial en referencia a Action Française y a su ideólogo Charles Maurras; sin embargo, también entró en debate con los intelectuales afiliados o compañeros de ruta del comunismo estalinista.

Desde el comunismo francés, Paul Nizan (miembro del PCF que participó de la resistencia antifascista y murió durante la Segunda Guerra luchando contra la Alemania nazi) publicó *Les Chiens de Garde* (1932), que podría considerarse una respuesta a J. Benda y a su concepción de intelectual.[50] Nizan consideraba escandalosa la abstinencia de algunos intelectuales, como Benda, a pronunciarse políticamente. Para Nizan la sociedad se dividía en "opresores" y "oprimidos" y, por lo tanto, la "verdadera traición" consistía en negarse al compromiso político para con los oprimidos, en no tomar partido por ellos. "El arte por el arte" era, a sus ojos, una concepción burguesa que constituía una "bella nube" en la que los pensadores podían mantenerse como seres puros, defendiendo la verdad, la humanidad, el espíritu, cuando lo que hacían en realidad era dotar de una justificación espiritual a la burguesía a cambio del salario que ésta les proveía. Frente a esto, el autor defendía la necesidad de abandonar las ideas puras y pasar a la acción, "traicionar a la burguesía por los hombres".[51] Veremos que Agosti se hizo eco de este debate, oponiéndose a la concepción de intelectual "clérigo bendia-

---

49 Julien Benda, *La traición de los intelectuales*, Ercilla, Santiago de Chile, 1967.
50 Paul Nizan, *Los perros guardianes*, Fundamentos, Madrid, 1973.
51 Este debate continúa en el Congreso Internacional de Escritores en Defensa de la Cultura, realizado en París en 1935 (véase compilación *La Literatura Moderna y la Cultura*, Ediciones Mundo, Montevideo, 1935), del que participaron, entre otros, Henri Barbusse, Andre Gide, Julien Benda, Paul Nizan, Aldous Huxley, Jean Richard Bloch, Waldo Frank y Teofilo Panferov.

no", por considerarla inmoral para los tiempos en los que escribía *El hombre prisionero*.

Lejos de resolverse automáticamente, el problema planteado en este debate generó persistentes tensiones en el movimiento comunista. Es más, podría decirse que la dificultad de la relación entre el intelectual y el partido es inherente al marxismo desde su propia génesis. El comunismo, movimiento político revolucionario cuyo sujeto principal es el proletariado, se formuló sobre la base de la doctrina creada por un intelectual. Esta tensión fue aludida en el *Manifiesto del Partido Comunista*, donde Karl Marx explicaba que en el seno de una clase podía haber un sector que, al comprender la teoría del conjunto del movimiento histórico, se pasaría al proletariado y defendería sus intereses.[52] En la Segunda Internacional, Karl Kautsky dedicó su atención a este problema, adoptando una mirada que desconfiaba de la *intelligentsia* en cuanto consideraba que ésta era una clase privilegiada, mientras que el socialismo buscaba acabar con los privilegios. Esta concepción asimilaba al intelectual con la figura del pequeño-burgués y, por lo tanto, no incentivaba la incorporación de este sector social al socialismo. Sin embargo, también existieron otras corrientes dentro del marxismo que otorgaron al intelectual un papel positivo, al considerar que podía existir no sólo una coincidencia de intereses entre la intelectualidad y el socialismo, sino que aquellos intelectuales interesados en el bienestar de la humanidad y de la cultura encontrarían en el socialismo su espacio y su causa. Según el marxista austríaco Max Adler, por ejemplo, el socialismo era ante todo un "movimiento cultural" y, por lo tanto, si la inteligencia quería coincidir con el nuevo sujeto histórico, que era el proletariado, debía adscribir al marxismo y unirse al movimiento socialista.[53] Debe mencionarse también la reflexión sobre el intelectual orgánico gramsciano, basada en la imagen de un intelectual colectivo, organizado para acometer las tareas relativas al frente cultural; en ese sentido, la intelectualidad debía mezclarse en la vida práctica, como constructor, organizador, "persuasor permanente".[54] En relación con el vínculo intelectual-partido, a la

---

52 K. Marx, *Manifiesto del Partido Comunista,* citado en K. Kautsky, "La inteligencia y la socialdemocracia", en *El Socialismo y los intelectuales. Intelectuales, teoría y partido en el marxismo de la Segunda Internacional. Aspectos y problemas*, Siglo XXI, México, 1980, p. 257.
53 Max Adler, *El socialismo y los intelectuales* [Viena, 1910], Siglo XXI, México, 1980.
54 Antonio Gramsci, "La formación de los intelectuales", en *Antología* de M. Sa-

pregunta de "cómo se transforma el partido político con relación al problema de los intelectuales", Gramsci respondió que era el partido el que debía formar sus propios intelectuales, calificarlos, prepararlos para su función desarrolladora de una sociedad integral, civil y política. Así, finalmente, todos los miembros del partido político serían considerados intelectuales, con distinciones de grado, pero con iguales funciones como agentes históricos del cambio.[55]

Como se ha dicho, la relación de intelectuales y artistas con el comunismo tuvo distintos momentos. Durante el período denominado "clase contra clase", el PC consideraba a los intelectuales como un sector social "pequeño-burgués", pues su vida era imaginada más cómoda y apegada a hábitos burgueses y, si bien siempre hubo intelectuales entre sus filas, eran vistos con cierto recelo. Esta situación se modificó con el cambio de estrategia hacia los frentes populares antifascistas; a partir de entonces, el PC buscó la incorporación a sus filas de intelectuales y artistas, otorgándoles un espacio destacado y estimulando la creación de espacios culturales politizados. Así y todo, para pasar a ser considerado un "cuadro" del partido, el intelectual debía demostrar su compromiso y su combatividad en la militancia.

5. El hombre prisionero y los deberes del intelectual revolucionario

> Por primera vez, los trabajadores intelectuales acostumbrados hasta entonces al individualismo díscolo, sintieron confusamente pero con la urgencia de los llamados imperativos, que la historia los había conducido hasta una encrucijada trágica. Entre una doble fila de trincheras enemigas ya no era posible mantener la neutralidad pudibunda o el aislamiento desdeñoso. // No actuar empezaba a ser una de las formas de la complicidad.
>
> Aníbal Ponce (*Dialéctica*, agosto de 1936)

Como ya se ha visto, Agosti contaba con las credenciales de su compromiso para con la causa revolucionaria. Fue precisamente durante su cautiverio que elaboró una serie de concepciones res-

---

cristán, Siglo XXI, México, 1970.
55 Antonio Gramsci, *Los intelectuales y la organización de la cultura*, Lautaro, Buenos Aires, 1960, pp. 20-22.

pecto del "deber ser" de un intelectual, estableciendo los parámetros que definían quiénes eran los intelectuales comprometidos, los intelectuales revolucionarios, y quiénes no. En su primer libro reunió una serie de artículos sobre la experiencia carcelaria, sobre crítica literaria, con referencias al rol político de intelectuales y artistas. Las concepciones de Agosti estuvieron marcadas por lo que consideraba era la urgencia de la época y, por lo tanto, fueron formuladas en un tono tajante, llamando a la combatividad y al compromiso. Este llamado además tenía el peso que le confería su lugar de enunciación, la cárcel.

Desde allí Agosti fue un temprano receptor del debate en torno al intelectual clérigo de Benda. En consonancia con los argumentos de Nizan, Agosti criticaba a aquellos que evadían su compromiso, y a quienes pretendían practicar un arte "puro". En este sentido, consideraba que quienes tomaban una actitud evasiva, en realidad, estaban "siguiendo el juego" de los regímenes fascistas y burgueses, y por lo tanto eran sus cómplices, adoptando una lógica maniquea en la que no optar por el camino correcto posicionaba al intelectual en el bando enemigo, es decir, en las filas del fascismo. Haciendo mención a los escritos de Julien Benda, el joven Agosti afirmaba que aquellos que no se "rebajaban" a actuar en la arena pública sino que se limitaban a contemplarla; creyendo que actuaban en defensa de valores universales, estaban en verdad traicionando su función de intelectuales. Agosti se oponía fuertemente a los *clercs* puesto que, a sus ojos, éstos favorecían a la burguesía. Eran esos "clérigos" los que en verdad no tendrían autonomía, pues en última instancia sus desarrollos intelectuales tenían el objeto de mantenerlos en el confort de sus torres de marfil y evitar "separarse de la risueña posibilidad de una vida acomodada". En este sentido, Agosti sostenía que Benda "personaliza[ba] la afirmación platónica del renunciamiento a la lucha", condenable en un contexto en el que una postura neutral era una falaz ilusión.[56] Debido a la urgencia de los tiempos que les tocaba vivir era necesario abandonar las cuestiones más superficiales y acercarse a la militancia partidaria. Para Agosti "el militante es el hombre específico de nuestro tiempo" y por lo tanto sería "inmoral el pasatiempo estético y la bobada poética".[57] El "camino de la Dignidad" que debían seguir los intelectuales comprometidos no era sencillo y podía llevarlos a la prisión.

---

56 Agosti, *El hombre prisionero,* ob. cit., pp. 111, 115 y 137.
57 Héctor Agosti, *El hombre prisionero,* ob. cit., p. 31.

Pero sólo así conseguirían la *"superioridad moral"* que les confería la lucha. El arte nuevo debía ser forjado en la pasión: el escritor debía vivir, luchar e intentar cambiar el mundo. No importaba si en el camino hacia el compromiso social "se pierde el estilo"; éste era, para Agosti, un precio razonable.

En el apartado "La inteligencia y la guerra", llamaba a la generación de intelectuales a la que pertenecía a tomar partido. Les pedía que dejaran de narrar el mundo y pasaran a transformarlo; que abandonaran la posición contemplativa para pasar al combate social. Según Agosti, a partir de la Gran Guerra comenzaba a erigirse una nueva cultura, en la que las erudiciones estériles debían ser superadas y la intelectualidad debía entrar de lleno en la política. Esta generación se encontraba en un momento de ruptura y sólo entrando en consonancia con las clases oprimidas podrían dar cuenta de su papel histórico. Si no cumplían con su responsabilidad política, estarían fallando como generación. Había que pronunciase de manera explícita y tomar una actitud activa por la causa proletaria. En clave moral, concluía que a "la moral de la inteligencia la determina su actitud política".[58]

Si bien el clima antifascista era propicio a una actitud abierta a la incorporación de intelectuales y artistas, el joven Agosti presentó reparos ante estilos artísticos que consideraba banales. Consideró, por ejemplo, que Charles Chaplin producía un "maravilloso arte de la evasión", pues su obra "quisiera cerrar los ojos" a la vida amarga y dolorosa de la clase obrera, cayendo así en una postura cercana al "individualismo nihilista".[59] El artista que, "forzado a volverse hacia la dura realidad aprovechaba la primera hendidura para huir de la acción y encerrarse en sí mismo" erraba su camino.[60] Al respecto, Agosti estableció una comparación entre Chaplin y el francés André Malraux, pues a pesar de las distancias existentes entre sus obras, consideraba que ante un mismo clima de opresión social estos dos artistas respondían de manera diferente. Con su obra *Le Temps du mépris*, Malraux hacía un aporte a la literatura creando un personaje heroico que buscaba el "sentido" de su accionar, reflexionando sobre el sufrimiento y los destinos colectivos. A diferencia de Chaplin, Malraux perseguía –siempre según Agosti– aquel camino de la dignidad, el triunfo, la vitalidad y, por lo tanto, estaba más cerca

58 Héctor Agosti, *El hombre prisionero,* ob. cit., p. 101.
59 Héctor Agosti usaba los nombres en castellano: Julián Benda, Carlos Chaplin, Tomas Moro, Andrés Malraux, etc.
60 Héctor Agosti, *El hombre prisionero,* ob. cit., p. 29.

del "arte verdadero". Siguiendo este razonamiento, el joven escritor se lanzaba entonces a la búsqueda del "artista verdadero", es decir, aquel que fuera realmente revolucionario y que, desde su arte, provocara e impulsara a las masas hacia la acción.

La premura de los tiempos que corrían y la carga moral de las concepciones de Agosti se traducían, por momentos, en una actitud más estricta para con los estilos artísticos. Por ejemplo, en referencia a la poesía de Raúl González Tuñón, sostenía:

> Lamento que González Tuñón se haya dejado llevar en ocasiones por el deseo de introducir elementos extraños [...] en sus versos. Los poemas así incididos desentonan en el bello libro que nos ha dado el autor de El violín del diablo. Carecen de verdadera y auténtica vibración de poesía, están reñidos "con ese ritmo de marcha, de himno –para cantar– que debe tener casi siempre el poema revolucionario", según apunta muy sagazmente el propio Tuñón.[61]

Su preocupación ante la inclusión de "elementos extraños" en lo que sería un "verdadero poema revolucionario" no era presentada como una objeción externa; Agosti era cuidadoso al utilizar las palabras del "propio Tuñón" para marcar la desviación[62] (diferenciándose de aquellas confrontaciones que el poeta tuviera con Rodolfo Ghioldi). Raúl González Tuñón era valorado positivamente por Agosti, en cuanto su obra constituía un posible punto de partida para una poesía de masas. Sin embargo, insistía en algunos reproches sobre su procedencia del grupo Florida y sobre algunas cuestiones de estilo. Agosti consideraba que la poesía de Tuñón, especialmente en referencia a su obra *La rosa blindada,* podía mover a las masas hacia el amor a la revolución, y debido a su ritmo de acción y de optimismo estaba próxima a ser una "poesía revolucionaria". En este sentido, Tuñón era un ejemplo, en tanto había tomado una posición concreta antifascista, por lo que Agosti lo comparaba con los franceses André Breton y Louis Aragon, al encontrar entre

---

61 Héctor Agosti, *El hombre prisionero*, ob. cit., p. 41.
62 Los artistas comunistas ejercían una autocrítica constante; en este sentido, parece ilustrativo de este clima la nota que el brasilero Jorge Amado introdujo al comienzo de su libro *Cacao*: "Traté de contar en este libro, con un mínimo de literatura y un máximo de honestidad, la vida de los trabajadores de las plantaciones de cacao del sur de Bahía. ¿Será una novela proletaria?, Río, 1933". Los signos de interrogación muestran la preocupación del escrito brasilero por tratar de encontrar la forma para, desde el arte, poder acercarse al proletariado y la autodisciplina artística que aquel camino implicaba. Véase Jorge Amado, *Cacao Sudor*, Losada, Buenos Aires, 1973 (1ra. ed. 1933).

ellos un punto en común central: que sus obras "elevan a las masas". Para Agosti el grado de compromiso del artista se evaluaba de acuerdo a la eficacia con la que las obras artísticas movilizaran a sus destinatarios. Es decir que, si bien era relevante el grado de compromiso del artista, más lo era el de su obra, pensada en sí misma como un instrumento activador del espíritu revolucionario.

El arte verdadero que buscaba Agosti debía "combinar la belleza artística con la eficacia política", ya que sin esa eficacia se convertía en estéril o en cómplice, y pasaba a formar parte de un ambiente artístico aburguesado y corrompido, cuyo exponente local era el grupo Florida (conformado por estetas puros que no comprendían la realidad obrera y la necesidad de crear un arte "de masas"). Finalmente, Agosti sólo encontraba dos ejemplos de "verdadero intelectual revolucionario": uno era Julio Antonio Mella y el otro José Carlos Mariátegui.[63] Ambos pensadores habían sufrido persecuciones y prisiones debido a sus luchas políticas, y habían sido organizadores de movimientos marxistas en Latinoamérica. En el apartado "Mella o la voz de América", Agosti rescataba la figura del cubano, quien, proviniendo de la generación que peleó por la Reforma Universitaria, había logrado superar las preocupaciones meramente académicas para adoptar una perspectiva social y se había transformado también en un organizador político, al fundar en México la Liga Antiimperialista, viajar a la Unión Soviética y luego ser el fundador del Partido Comunista cubano. Perteneciente a la misma generación que Aníbal Ponce, Mella murió baleado en 1929. Sobre Mariátegui, Agosti no mencionaba en este caso mucho más que su nombre, pero le otorgaba la categoría de verdadero intelectual revolucionario. Esta valorización de ambas figuras puede ser vista como un intento de conformar o de respaldarse en una tradición marxista latinoamericana, o como el intento de construir una genealogía propia para el pensamiento comunista, lo cual –veremos– será una preocupación constante en Agosti.

Para tal fin, Agosti recurrió a figuras que estaban por fuera del movimiento comunista en sí, de otros tiempos y otros universos ideológicos. De este modo, estableció un parentesco con aquellos que habían luchado por una sociedad mejor y que, debido a esa lucha, habían pasado por la prisión. En esta lógica incorporaba en su relato un apartado sobre Thomas More (Tomás Moro) y entablaba, con el pensador inglés del siglo XVI, una onírica conversación

---

63 Héctor Agosti, *El hombre prisionero*, ob. cit., p. 84.

que tenía lugar en la prisión inglesa a la que fuera condenado por Enrique VIII. Allí le preguntaba Agosti sobre la utopía propugnada por More y sobre la experiencia de la prisión: "¿no la sientes en tu celda? [...] en lugar de abdicar nuestros pensamientos nos aferramos más".[64] More era para Agosti parte de aquellos que, al sufrir por defender sus pensamientos, los fortalecían y exaltaban. Esta idea se basaba en la certeza de que el encarcelamiento era el lugar que vigorizaba el pensamiento y las convicciones, tornándolos más fértiles. Allí se generaba un vínculo que los unía y que le permitía recuperar a este personaje, a su utopía y a la tradición humanista como legado.

En la misma línea, también recurrió de modo identificativo a la figura de Mijail Bakunin, en tanto logró "esquivar la relajación moral" durante su estadía en la cárcel.[65] Era por eso un ejemplo a seguir, y no importaba en este plano que Bakunin perteneciera al anarquismo, cuestión que Agosti no mencionaba. Lo que Agosti valoraba era su actitud aguerrida, la manera en que se podía y debía encarar el cautiverio. En este mismo sentido, evocaba también el comportamiento de Rosa Luxemburgo, asegurando que era indispensable para el militante "el sentimiento de sacrificio [...], fervor de religiosidad", pues allí residía para él el núcleo de "nuestro dinamismo".[66]

A pesar de apelar a figuras de diferentes universos ideológicos, la concepción que Agosti formuló sobre el rol del intelectual se basaba también en el modelo de vanguardia leninista. Era una "minoría avanzada" la que tenía la misión histórica de orientar el accionar del nuevo sujeto de la historia, y su tarea principal era ponerse en contacto con las masas, ya que sólo a partir de esa relación se conformaría la identidad revolucionaria de la intelectualidad:

> [S]e desprende del seno de la inteligencia una minoría avanzada que, en consonancia con la clase oprimida, negará críticamente el nuevo pretérito para luchar por una flamante forma y contenido de la cultura. Y es entonces cuando la inteligencia se vuelca hacia la política, ya que le es imposible prolongar la ficción de su pureza.[67]

---

64 Héctor Agosti, *El hombre prisionero*, ob. cit., p. 156.
65 Héctor Agosti, *El hombre prisionero*, ob. cit., p. 26.
66 Héctor Agosti, *El hombre prisionero*, ob. cit., p. 78.
67 Héctor Agosti, *El hombre prisionero*, ob. cit., p. 102.

Veremos cómo esta concepción del intelectual como "minoría avanzada", que al unirse al proletariado marcaría el camino a la revolución, convivirá en tensión con la fuerte influencia del modelo francés de intelectual comprometido.

Capítulo II
Antifascismo y comunismo, la difícil convivencia

1. Diversidades y tensiones dentro del antifascismo

Reunidos a partir de la afinidad en la lucha contra un enemigo común, el movimiento antifascista se fue conformando por el aglutinamiento de personalidades provenientes de distintas vertientes políticas. Debido a que su definición en términos de programas o contenidos es lábil, preferimos considerarla una "sensibilidad" político-cultural, un clima de opinión, que combinaba la novedad europea con elementos de la tradición liberal local y el marxismo. Al confluir en sus agrupaciones figuras de diversos universos políticos, Ricardo Pasolini ha propuesto hablar de "antifascismos" en plural, agregándole a su análisis diversidad y complejidad.[1]

Para estudiar este movimiento debe tenerse en cuenta como un factor clave que éste fue un fenómeno internacional, que se articuló con peculiaridades y periodizaciones locales. Sólo en este juego entre influencias de la coyuntura externa, recepción y adaptación por parte de los agentes en la Argentina, es que puede comprenderse el posicionamiento de los actores y el papel del PC argentino dentro del movimiento antifascista. Es preciso tener en cuenta que la convivencia entre comunistas y el resto del antifascismo fue en general tensa. Persistían las desconfianzas por parte de los intelectuales liberal-democráticos y de los socialistas, tanto en referencia a las figuras comunistas locales como respecto a la Unión Soviética

---

1 Ricardo Pasolini, "Intelectuales antifascistas y comunismo durante la década de 1930. Un recorrido posible: entre Buenos Aires y Tandil", www.historiapolítica.com. Esta definición del antifascismo como sensibilidad política la comparte también Bruno Groppo. Véase "El antifascismo en la cultura política comunista", en *Anuario IEHS*, nro. 19, 2004.

y a la figura de Stalin en particular. Muchos consideraban que la adhesión del comunismo al antifascismo y a la defensa de valores universales tales como la libertad y la democracia era un táctica discursiva, puramente instrumental, que ocultaba los verdaderos designios del Comintern (III Internacional). Veremos cómo los años del pacto Hitler-Stalin (1939-1941) acrecentarán el cuestionamiento y las tensiones en la convivencia entre sectores partidarios y extra partidarios. Sin embargo, el quiebre del Pacto y la entrada de la Unión Soviética a la Segunda Guerra les devolverá cierto espacio, si bien atenuado, que permitirá comprender la inclusión del PCA en la alianza electoral antiperonista de 1945-1946.

En torno al antifascismo se generaron una cantidad de discursos y de significados políticos y culturales. Para comprender lo difuso que llegaron a ser dichos discursos, debe partirse de los muy extendidos usos que se hicieron del término "fascismo", ya que la denominación abarcó a un amplio abanico de fenómenos y personas. En los años treinta, los comunistas empleaban el término "fascismo", de manera bastante generalizada, para referirse a los trotskistas: en el periódico *Hoy* se publicaban caricaturas en las que se equiparaba el trotskismo con el fascismo.[2] También denominaron "fascista" al gobierno democrático de Hipólito Yrigoyen (UCR), al gobierno de facto militar de J. F. Uriburu y al de A. P. Justo. La línea internacional del PC, plasmada en los discursos del búlgaro G. Dimitrov y difundida en la prensa partidaria argentina, consideraba a los regímenes fascistas europeos como una dictadura terrorista cuyo verdadero fin era servirle al capital financiero, a pesar de esconderse tras el "disfraz" de la demagogia social. Esta lectura en clave clasista del fascismo tuvo sus ecos sudamericanos. Para Emilio Troise (presidente del Comité contra el Racismo y el Antisemitismo de la Argentina), el núcleo del fenómeno fascista residía en las contradicciones de clase que evidenciaba:

> [E]s fenómeno universal, en cuanto representa la forma última que asume la dictadura de la clase capitalista [...] El fascismo es la exaltación del más feroz egoísmo de clase, que en nombre de un interés de clase disfrazado de interés nacional, condena a la esclavitud material y moral al proletariado [...] [C]arente de todo sentido humano, impone por la violencia, por la miseria, por la degeneración, por la exaltación de las más bajas cualidades hu-

---

2 Véase por ejemplo *Hoy*, año 1, nro. 1, 17 de septiembre de 1936; u *Orientación*, nro. 13, 3 de marzo de 1937.

manas, el imperio obscuro y triste de su única ley: el provecho, el usufructo, la ganancia.³

Desde la revista *Unidad por la defensa de la cultura*, también la AIAPE explicitaba qué entendían por fascismo. Si bien en su declaración de principios lo definían como parte de las contradicciones de clase, lo relacionaban también con los perjuicios y las agresiones hacia la cultura y las libertades cívicas:

> El fascismo no es sólo la expresión absoluta de la dictadura de una clase resuelta a aplastar a las grandes masas de trabajadores para explotarlos inicuamente en su exclusivo beneficio. El fascismo es, también, enemigo de la inteligencia. En los desventurados países que sufren bajo su régimen sombrío, la cultura ha sido arrasada sin miramientos [...] El fascismo es, pues, nuestro enemigo, el enemigo de nuestra razón de ser: el pensamiento, la ciencia, el arte, la literatura [...], una amenaza gravita sobre nuestra cultura naciente. Queremos defenderla.⁴

El énfasis recae aquí en el peligro de aniquilamiento de la cultura y las libertades. El fascismo era percibido como un "paréntesis medioeval" que amenazaba la supervivencia de la civilización contemporánea. Este ataque a la cultura lo tornaba un catalizador que permitía aunar la causa proletaria con los intereses de la inteligencia.

Pese a los diferentes usos del término, en rasgos generales existió un elemento constante en el discurso antifascista: la sensación de amenaza y la necesidad de luchar frente a esa amenaza. Es en este sentido que el comunismo era percibido como un aliado posible y deseable en tanto que contaba con personalidades "heroicas" fogueadas en sus experiencias de lucha, pero sobre todo con el respaldo de la Unión Soviética, que en un enfrentamiento bélico podría aportar su desarrollo tecnológico-armamentístico.

Según el análisis de Andrés Bisso, el antifascismo constaba de dos caras: por un lado, la internacionalista, revolucionaria, antiimperialista, anticapitalista; y por otro, la más moderada, que quería preservar valores nacionales y las instituciones democráticas y liberales. Esta "bifrontalidad" se reflejó en el hecho de que

---

3 Emilio Troise, "¿Qué es el fascismo?", Socorro Rojo Internacional s.f., s.n., en Andrés Bisso, *El antifascismo argentino,* ob. cit., Sección "Documentos", pp. 337-338.

4 *Unidad para la defensa de la cultura,* año 1, nro. 1, enero de 1936, en Andrés Bisso, *El antifascismo argentino,* ob. cit., Sección "Documentos", pp. 115-117.

dentro del movimiento antifascista convivieron —no sin tensiones— el comunismo y las organizaciones liberal-democráticas. La investigación de Bisso se centra en la agrupación Acción Argentina, que formó parte de un antifascismo de carácter liberal-socialista, con un aire notabiliario y de prestigio social. En el interior de esta agrupación confluyeron también culturas políticas diversas, que de manera transitoria se aunaron para luchar contra la amenaza del avance nazi, especialmente luego del momento de la entrada de los nazis en París.[5] Para comprender los espacios que tuvieron las distintas agrupaciones antifascistas es importante detenernos en la periodización. Acción Argentina fue fundada en 1940. Su surgimiento coincide con cierta decadencia de AIAPE debido a diferentes causas, entre ellas el exilio y la muerte de Ponce. Pero sobre todo el pacto de no agresión entre Hitler y Stalin entre 1939 y 1941, que profundizó la desconfianza y los cuestionamientos a la postura comunista. James Cane ha observado que AIAPE se mantuvo en actividad durante el interludio 1939-1941, pero que sus posiciones se volvieron más prosoviéticas que antifascistas.[6] A partir del año cuarenta el movimiento antifascista se fue tornando más moderado, al tiempo que el PC fue perdiendo influencia.

Coincidimos con Bisso en que los elementos liberal-socialistas fueron hegemónicos en el antifascismo, especialmente en la manera de interpretar la historia argentina. La aceptación generalizada por parte de los comunistas de un sostén discursivo liberal podría atribuirse a una concepción estratégica que los comunistas tenían sobre la historia: los discursos históricos servían como herramientas políticas. Al respecto, Jorge Myers ha analizado la primera cristalización de una "historiografía comunista" conformada a partir de la política de los frentes populares, especialmente a partir de la figura de Rodolfo Puiggrós y de la revista *Argumentos*.[7] Para Myers, los comunistas buscaban una interpretación del pasado que se adecuara a la estrategia política que habían adoptado desde 1935, y, por lo tanto, la incorporación del panteón liberal les permitía se-

---

5 Andrés Bisso, *Acción Argentina, un antifascismo nacional en tiempos de guerra mundial*, Prometeo Libros, Buenos Aires, 2005.
6 James Cane, "Unity for the Defense of Culture: The AIAPE and the Cultural Politics of Argentine Antifascism, 1935-1943", en *The Hispanic American Historical Review*, vol. 77, nro. 3, Aug. 1997, Duke University Press.
7 Jorge Myers, "Rodolfo Puiggrós, historiador marxista leninista: el momento de Argumentos", en *Prismas. Revista de historia intelectual*, nro. 6, Universidad Nacional de Quilmes, 2002.

llar alianzas, resaltando los elementos comunes con otras fuerzas políticas de tradiciones liberal-democráticas. Los comunistas se apropiaban del pasado nacional, se incorporaban a una línea histórica que consideraban genealógica y se posicionaban como sus continuadores revolucionarios.[8]

El PCA y sus compañeros de ruta tendían a abrevar de una interpretación liberal de la historia, reivindicando a los próceres de la "historia oficial". La aceptación de figuras del panteón liberal era parte de la estrategia político-cultural frentista que buscaba el acercamiento a otras tradiciones. Otro elemento para comprender ese fenómeno puede estar en el discurso de la derecha política, en el que coincidían, como ya se ha mencionado, concepciones anticomunistas con concepciones antiliberales.[9] Esta convergencia permitió el acercamiento de dos tradiciones de pensamiento que hasta la década del veinte se pensaban antagónicas, como lo eran el marxismo y el liberalismo.

Sin embargo, y a pesar de los puntos de contacto que pudiera generar la coyuntura política, los intentos por dejar de lado las posiciones partidarias no alcanzaron para evitar las disputas. Las viejas enemistades, aunque no fueran tan explícitas en los discursos, perduraban. Cuando el comunismo adoptó una postura neutralista ante la Segunda Guerra Mundial, y los intelectuales liberal-democráticos una postura proaliados, se llegó a considerar incompatible la pertenencia a AIAPE y a Acción Argentina. No obstante lo cual, desde los grupos de derecha la agrupación Acción Argentina siguió siendo percibida como cercana al comunismo, en tanto que el antifascismo siguió siendo sospechado de caballo de Troya del comunismo.[10] Esta situación generó persecuciones estatales que, de acuerdo al análisis de Bisso, constituyeron un elemento importante en el imaginario antifascista: "La sensación de los miembros de la agrupación [Acción Argentina] de estar resistiendo una penetración totalitaria se veía particularmente reafirmada cuando el gobierno conservador prohibía los mítines de la agrupación o llegaba al punto de detener a sus participantes".[11] Si la persecución estatal legitimaba la tarea de los miembros de Acción Argentina,

---

8 Véase Alejandro Cattaruza, "Historias Rojas. Miradas comunistas sobre el pasado nacional durante los años treinta", ponencia inédita, Jornadas Interescuelas, Rosario, 2005.
9 Véase Oscar Terán, *Aníbal Ponce*, ob. cit., p. 42
10 Andrés Bisso, *Acción Argentina, un antifascismo nacional*, ob. cit., p. 210.
11 Andrés Bisso, *Acción Argentina, un antifascismo nacional*, ob. cit., p. 175.

seguir esta línea los emparentaba con los sectores comunistas, con los que en verdad seguirían enfrentados hasta la invasión nazi a la Unión Soviética.

2. El interludio 1939-1941

El período 1939-1941 constituyó un interludio en el que la percepción que hasta entonces se tenía del comunismo fue trastocada. Aquella imagen de fortaleza comenzó a ser abiertamente cuestionada con la derrota republicana en España y más aún cuando en 1939 Stalin estableció un pacto de no agresión con la Alemania nazi. Esto generó el desconcierto de propios y ajenos. En muchas de las agrupaciones antifascistas la convivencia se tornó más incómoda, y se evidenciaron rispideces insostenibles. El pacto de no agresión fue considerado desde dentro de las filas del PC argentino como una medida que obedecía a una evaluación estratégica de Stalin sobre la situación del enfrentamiento bélico. El acatamiento a las medidas adoptadas por parte de la dirigencia partidaria siempre fue un factor central en el funcionamiento de los partidos comunistas y en particular del PC argentino. Por las características de la estructura organizativa partidaria, los cuestionamientos hacia las decisiones de la dirigencia, y especialmente hacia las decisiones tomadas en Moscú, no eran tolerados. La percepción general de dirigentes y militantes era que la fortaleza del partido residía en la solidez de su organización vertical, y que los cuestionamientos sólo evidenciaban fisuras o debilidades que podrían ser aprovechadas por sus enemigos.

A pesar del aura de infalibilidad que rondaba a las decisiones de Stalin, ante una medida tan controvertida para la línea partidaria, la dirigencia local ofreció una explicación a los militantes, aunque no pudieron evitar caer en malabarismos discursivos que incluían razones ocultas y enemigos encubiertos. Desde las páginas del periódico *Orientación*, el secretario general del PCA, Gerónimo Arnedo Álvarez,[12] brindó su interpretación sobre el Pacto Hitler-

12 "En 1938 se desarrolla una lucha interna por el control de la dirección partidaria entre un sector que lidera Luis V. Sommi y otro que lidera Orestes Ghioldi; el Secretariado de la IC la cuestiona como 'lucha sin principios' y propone a José Peter como secretario general. Pero Victorio Codovilla, que se encuentra a la sazón en París, propone en cambio a Gerónimo Arnedo Álvarez como nuevo secretario general del PC argentino, consagrándose como tal en un comité central de ese mis-

Stalin. Parte de su discurso se asentaba en la advertencia sobre enemigos a veces abiertos y otras veces ocultos e incluso internos, que querían confundir sobre las medidas tomadas desde Moscú, con la intención de "sabotear la unidad de la clase obrera". El dirigente mantenía y defendía el estandarte de la URSS como baluarte de la "paz" y garante en el combate contra el fascismo. La firma del Pacto era un asunto que obedecía a problemas estratégicos que no se cuestionaban, sino que debía tratar de entenderse en la lógica de las causas ocultas. Arnedo Álvarez pedía a los militantes evitar caer en el simplismo; volvía a posicionar al imperialismo como enemigo y pedía estar precavidos ante el "coro confusionista":

> El imperialismo procura siempre esconder a sus pueblos el contenido, la finalidad de la guerra que conduce. En el '14 la realizó bajo la máscara de la defensa de la patria agredida. Hoy pretende esconder sus maniobras con la máscara del antifascismo.[13]

Eran velos o máscaras los que ocultaban las causas verdaderas que sostenían las decisiones de las esferas dirigentes. Cuanto más peligrosa y confusa la situación, mayor el riesgo de engaños y por lo tanto más importante respaldar esas resoluciones, basadas en datos que escapaban al militante. Los enemigos eran múltiples y de diversas naturalezas, desde el trotskismo hasta las fuerzas de la reacción, o el imperialismo. Todos "desvirtuaban" y "confundían". Frente a ello, la dirigencia debía mantener los objetivos claros: apoyar a la URSS y conservar los elementos discursivos generales que habían sostenido hasta entonces. Nada había cambiado, el pacto de no agresión era sólo una medida estratégica que tendría su utilidad y su función. La intervención de la URSS en Polonia había sido, según Arnedo Álvarez, sólo para evitar el avance del fascismo. Sostenía Arnedo Álvarez:

> En nuestra lucha presente por una paz democrática y justa debemos concentrar nuestros esfuerzos para extirpar las causas que generan las guerras, para liberar a la humanidad de la barbarie fascista y de toda suerte de opresión de clase, de pueblos y de razas

---

mo año. (Es reelegido en sucesivos congresos: en 1941, 1946, 1963, 1968 y 1973, ocupando el máximo cargo hasta su muerte en 1980)", en Horacio Tarcus (dir.), *Diccionario Biográfico de la Izquierda Argentina*, ob. cit., p. 14.
13   Gerónimo Arnedo Álvarez, en *Orientación*, 28 de septiembre de 1939, en Andrés Bisso, *El antifascismo argentino,* ob. cit., Sección "Documentos", p. 458.

[...] El pueblo argentino debe hacer todo lo que esté a su alcance para precipitar el aplastamiento del nazismo alemán.[14]

A pesar de estas explicaciones y del intento por mantener la normalidad el pacto provocó tensiones y conflictos entre los aliados antifascistas, especialmente cuestionando a la figura de Stalin.[15] Aunque no puede decirse por ello que hayan perdido definitivamente su lugar dentro del antifascismo local, se los percibió con mayor desconfianza. El pacto fue, según el periódico *Argentina Libre*, la traición de Stalin hacia las convicciones y la lucha antifascista, que evidenciaba la obediencia ciega de los militantes comunistas y la "gran estafa del antifascismo comunista". En sus páginas, Julio Argentino Noble sostenía:

> El mundo, inclinado a concederle al comunismo un sentido moral elevado, comprendió el engaño en que había caído [...], ese día el comunismo perdió la batalla fuera de Rusia. Se desvaneció su fuerza expansiva al perder a muchos militantes sinceros y al transformar el ambiente de tolerancia y respeto en uno de repulsión y encono. Ese día se derrumbó el imperio espiritual del camarada Stalin.[16]

Desde la revista *Nosotros*, Roberto Giusti escribía: "la idea de que el imperialismo es sólo una proyección de la sociedad capitalista ha quedado desmentida crudamente por la política expansionista del Sóviet, pese a la pedantería dialéctico marxista en auge en ciertos intelectuales".[17] Por su parte, desde *Argentina Libre*, el autor de *Los gauchos judíos*, Alberto Gerchunoff, adoptaba una mirada más conciliatoria, al considerar que el pacto había sido una estrategia para evitar la guerra y observar que, a pesar de que existían elementos análogos entre el Estado bolchevique y el Estado

---

14   Gerónimo Arnedo Álvarez, en *Orientación*, 28 de septiembre de 1939, en Bisso, ob. cit., p. 458.

15   Véase Sylvia Saítta, "Entre la cultura y la política: los escritores de izquierda", en A. Cattaruzza (coord.), *Crisis económica, avance del Estado e incertidumbre política (1930-1943)*, Sudamericana, Buenos Aires, 2001; Liliana Cattáneo, *La izquierda argentina y latinoamericana en los años 30, el caso Claridad*, Tesis en UTDT, Buenos Aires, 1992; Silvia Schenkolewski-Kroll, "El Partido Comunista en la Argentina ante Moscú: deberes y realidades 1930-1941", *Estudios Interdisciplinarios de América Latina y el Caribe* (Universidad de Tel Aviv), junio de 2002.

16   Julio Argentino Noble, en *Argentina Libre*, año 1, nro. 4, 28 de marzo de 1940, en Andrés Bisso, *El antifascismo argentino*, ob. cit., pp. 474-475.

17   Roberto Giusti, en *Nosotros*, mayo de 1940, en Andrés Bisso, ob. cit., pp. 482-483.

nacionalsocialista, los regímenes obedecían a naturalezas dispares y no se los podía igualar. Asimismo, aludía a las asociaciones que comenzaron en ese clima, entre las praxis políticas del comunismo estalinista y del nazismo.[18]

La incomodidad en la relación de los comunistas con intelectuales y artistas extrapartidarios se reflejó en diversas discusiones. La acusación sobre el intento por parte de los comunistas de "dominar" las instituciones se repitió en varias oportunidades. Un caso ilustrativo en este sentido fue el artículo "¿Contra el racismo o comunazismo?", publicado en *La Vanguardia* en mayo de 1941 y escrito por M. Kostrynski, secretario general de la Asociación Obrera sionista Poale Sion. En carta dirigida a Emilio Troise (por entonces presidente del Comité Contra el Racismo y el Antisemitismo en la Argentina) denunciaba el "mal disimulado" propósito de los comunistas de asegurar el predominio de una única ideología, dejando fuera a las demás tendencias. Esto ocasionaba el retiro silencioso de prestigiosas personalidades que en algún momento habían confluido en el común interés de luchar contra el racismo. Sobre el desempeño de los comunistas en la dirección del Comité, Kostrynski sostenía:

> No obstante manipular y usar continuamente la terminología antifascista y antirracista, el Comité abandonó precisamente toda acción real contra el odio racial y el totalitarismo [...] En los boletines editados por el Comité ocupa cada vez menos espacio la denuncia de las bestialidades nazis y fascistas, pero en cambio se dedica cada vez más lugar a los ataques contra socialistas y demócratas en general que se atreven a "dudar" del carácter "revolucionario" de la política bizantina del Kremlin.[19]

Esta agrupación (el Comité contra el racismo), que había nacido a partir del clima de confluencia antifascista, empezaba a verse envuelta en acusaciones cruzadas sobre traición y el uso velado de la organización para fines partidarios. El neutralismo soviético aumentaba notablemente la tensión entre el PC y la comunidad judía, generando diferencias, muchas veces irreconciliables, entre ambas identidades. Según Pasolini, también en la AIAPE, durante la pre-

---

18 El empleo del término "comunazismo" puede ser visto como un antecesor de los usos que en ese mismo sentido se hicieron del término "totalitarismo". Ricardo Martínez Mazzola, "Nacionalismo, peronismo, comunismo. Los usos del totalitarismo en el discurso del Partido Socialista Argentino (1946-1953)", en *Prismas. Revista de historia intelectual*, nro. 15, Universidad Nacional de Quilmes, 2011.
19 M. Kostrynski, en *La Vanguardia*, en Andrés Bisso, ob. cit., p. 608.

sidencia de Troise y siendo Agosti secretario (entre 1941 y 1942), se estableció un mayor disciplinamiento y se reforzó el vínculo partidario, endureciendo las relaciones. Fue entonces que renunciaron personalidades como Alberto Gerchunoff y Liborio Justo. Además hubo conflictos con César Tiempo y Samuel Eichelbaum, por haber manifestado ellos su adhesión a la fórmula presidencial de Ortiz y Castillo, pero sobre todo por la tensión con relación al judaísmo.[20]

En ese mismo contexto hubo conflictos que involucraban directamente a Agosti. Por ejemplo, en mayo de 1941 se publicó en *Argentina Libre* un artículo del profesor José Gabriel en el que explicaba su posición ante AIAPE y su decisión de no aceptar la carta que Héctor Agosti le había enviado para solidarizarse ante su expulsión de la Universidad Nacional de La Plata. José Gabriel decidía distanciarse públicamente de la institución a pesar de haber sido alguna vez socio.[21]

> [Los integrantes de AIAPE] han vendido su alma y deben obedecer a consignas superiores [...] sin que yo apruebe la persecución policial de que AIAPE dice que es objeto, y sin que haya renunciado a las amistades que tengo en esa entidad ni me importe en un sentido ni en otro, prefería y prefiero no coincidir en apariencia con quienes estoy convencido de que se hallan al servicio de Moscú y mienten cínicamente cuando hablan de defender el derecho de opinar libremente.[22]

Por su parte, desde el comunismo respondían a las acusaciones denunciando el caso de la expulsión de Acción Argentina de dos miembros de la filial de Córdoba, debido a que uno de ellos era también socio de AIAPE (Acción Argentina consideraba incompatible la militancia en ambas entidades) y el otro socio fue expulsado por solidarizarse. En un artículo publicado en *Orientación,* del 30 de octubre de 1941, titulado "La quinta columna dentro de Acción Argentina. La filial cordobesa expulsa a quienes están con la URSS

---

20 Véase Ricardo Pasolini, "Intelectuales antifascistas y comunismo durante la década de 1930. Un recorrido posible: entre Buenos Aires y Tandil", en www.historiapolitica.com (consultado 13 de marzo de 2008), p. 15.
21 "Fui socio de ella en sus comienzos, cuando parecía una entidad seria de izquierda y agrupaba a gente capaz. Conforme me di cuenta de que se convertía en un mal club aparente y en una real covacha al servicio secreto de Moscú, presenté mi renuncia" (en Andrés Bisso, ob. cit., p. 610).
22 José Gabriel en *Argentina Libre*, año II, nro. 64, 29 de mayo de 1941, en Andrés Bisso, ob. cit., pp. 610-613.

o son miembros de la AIAPE", Gregorio Bermann denunciaba a Acción Argentina por la injusta expulsión de estos socios.[23]

En ese contexto AIAPE retomaba tópicos relativos al antiimperialismo. Ernesto Giudici, que en 1938 había publicado *Hitler conquista América*, en 1940 cambió el eje de sus denuncias, dedicando su atención a *El imperialismo inglés y la liberación nacional*, editado por Problemas. Ese clima fue propicio para un diálogo entre los comunistas "aiapeanos" y algunos miembros de FORJA, también férreos defensores del neutralismo ante la Segunda Guerra. A fines de agosto de 1940, en una charla brindada en AIAPE[24], titulada "Cambios, salarios y créditos. Instrumentos del coloniaje argentino", Raúl Scalabrini Ortiz sostuvo que sólo para las mentes simples atacar a Gran Bretaña era "hacerle el juego" a Alemania, y definió a la Guerra Mundial como un conflicto bélico inter-imperialista, retomando hasta cierto punto argumentos leninistas sobre las condiciones semicoloniales de la Argentina. Ese mismo año Rodolfo Puiggrós publicó, a través de la editorial de AIAPE, *De la colonia a la Revolución* y *A ciento treinta años de la Revolución de Mayo*. La etapa del neutralismo produjo un breve pero significativo momento de coincidencias entre el PC y el nacionalismo "forjeano", que tendrá repercusiones especialmente en el itinerario de Puiggrós, y tal vez de manera más indirecta en el de otros intelectuales comunistas.[25]

Tanto los conflictos con los antifascistas y la comunidad judía, como las nacientes relaciones con el nacionalismo, se interrumpieron cuando Hitler invadió la Unión Soviética. Los sectores democrático-liberales del antifascismo reincorporaron a la URSS con reparos: en el semanario antifascista *Argentina Libre* salió en primera plana del día 26 de junio de 1941 el titular "¡Con Rusia, contra Hitler a pesar de Stalin!". Mientras esperaban la incorporación de Estados Unidos a la guerra, la Unión Soviética seguía siendo percibida como una potencia para frenar el avance nazi, que ya había llegado a París. Pese a sus críticas al Pacto, en las portadas de *Argentina Libre* podían leerse los titulares "Uno de los enormes

---

23 Bermann, *Orientación,* 30 de octubre de 1941, en Andrés Bisso, *El antifascismo*, ob. cit., p. 615.
24 Ver James Cane, ob. cit., pp. 25-26.
25 Leonardo Senkman señaló que Raúl Larra y Álvaro Yunque escribían en el diario *Reconquista* dirigido por Raúl Scalabrini Ortiz, en el que también colaboraron Manuel Gálvez y Ernesto Palacio, en "El nacionalismo y el campo liberal argentinos ante el neutralismo: 1939-1943", *Revista EIAL*, nro. 6, 1995.

tanques del ejército motorizado de los soviets" y "Desfile del ejército ruso en la Plaza Roja de Moscú".[26] El artículo "La potencialidad económica. Paralelo entre Alemania y la URSS" de J. W. Steinhardt del 10 de junio de 1941,[27] o las ilustraciones/comics que muestran a Hitler metiendo el pie en una trampa que dice "resistencia rusa", reflejan las percepciones que se tenía de la URSS desde el antifascismo liberal-socialista. La invasión volvió a juntar a figuras con las que había habido fuertes debates, como el escritor Roberto Arlt, que aparece en una foto junto a Victorio Codovilla y Rodofo Ghioldi en 1942 en una exposición de ayuda a la URSS.[28]

Como lo señaló Bruno Groppo, "para las generaciones de militantes comunistas que se formaron en los años 30, en particular en el Frente popular y la guerra en España, el antifascismo ha sido ciertamente la experiencia política central y el fundamento de su identidad".[29] En efecto, Agosti fue parte de esa generación; se interesó por tradiciones de pensamiento diversas y entabló relación con figuras de otras ramas políticas. La impronta antifascista pervivió en los modelos de agrupación y en el tipo de actividad intelectual que fomentaba. En cierta medida, Agosti jugó un rol fundamental en recomponer las susceptibilidades generadas durante el interludio neutralista.

3. El modelo francés

Si bien fue problemático retomar las consignas antifascistas, los virajes políticos eran moneda corriente para los miembros del PC. En la recuperación del terreno perdido durante el interludio neutralista, la figura de Agosti resultó importante, ya que él continuaba compartiendo espacios institucionales con intelectuales de otras corrientes ideológicas. En 1941, y luego en 1944, la editorial Atlántida publicó dos obras suyas: *Emilio Zola* y *Literatura francesa*, en las que Agosti adoptó un tono más conciliatorio y comprensivo para con la intelectualidad que el que había tenido en *El Hombre prisionero*. Escritos en pleno contexto de retomar las alianzas antifascistas, estos trabajos podrían verse como puentes tendidos para

---

26 *Argentina Libre*, año II, nro. 68, 26 de junio de 1941.
27 *Argentina Libre*, año II, nro. 70.
28 AGN, archivo fotográfico, caja 3780.
29 Bruno Groppo, ob. cit., p. 42.

el resto de los intelectuales antifascistas no comunistas. El peso del llamado a la acción aparece más diluido. Incluso puede inferirse de la lectura de *Emilio Zola* que, para este Agosti, la opción por el compromiso político y el acercamiento a las causas sociales podían tomar su tiempo, aunque conservaba la certeza de que la propia realidad empujaría indefectiblemente hacia esa toma de posición política, como una especie de destino finalmente asumido, tal como sucedió con Émile Zola.

A pesar de apartarse de las definiciones más duras, y de que no fueron libros abiertamente políticos sino destinados a un público amplio, Agosti se mantuvo en consonancia con las líneas generales establecidas por el PC: la búsqueda de compatibilidades y de apertura a otras tradiciones de pensamiento. También se mantuvo como tema de interés y motivo de análisis su preocupación sobre el rol del intelectual en la sociedad. Con este fin, reconstruyó el itinerario de Émile Zola, prestando especial atención al recorrido de su progresivo compromiso con las causas sociales, en un camino que finalmente desencadenó en la toma de posición abierta del intelectual francés ante un evento movilizador como fue el *affaire* Dreyfus. Agosti explicaba ese despertar del interés político como una suerte de camino predestinado. Para ello se valió de la evocación, en un tono sentimental, de la vida del escritor francés desde su nacimiento, niñez y adolescencia, como el proceso en el que había conformado su fuerte personalidad en profunda ligazón con el contexto de la Francia finisecular. La incorporación de Zola al ambiente literario parisino, a la sociedad artística y la conquista de la fama literaria se resumían en lo que Agosti describía como un "ascenso triunfal", que terminó en gloria editorial para el escritor naturalista. De este modo estableció un recorrido en el que, un Zola "siempre desdeñoso de la política", incluso ante los episodios de la Comuna de París, fue relacionándose con los problemas sociales y terminó asumiendo la necesidad del compromiso.[30] Cuando entró en contacto con la realidad del drama obrero, escribió la novela *Germinal*, libro que Agosti describía como un "doloroso, amargo y vibrante [...] grito de justicia". No fue, sin embargo, hasta los acontecimientos en torno del *affaire* Dreyfus que se abrió el capítulo de "El heroísmo civil", es decir, cuando Zola pasó de la indiferencia a la lucha.[31]

---

30 Héctor Agosti, *Emilio Zola*, Atlántida, Buenos Aires, 1941.
31 Héctor Agosti, *Emilio Zola*, ob. cit., p. 122.

Siendo Zola un intelectual respetado, exitoso y rico, encontró una causa lo suficientemente poderosa como para movilizarse y poner en riesgo su pellejo y bienestar económico. Luego de escribir el famoso artículo "¡Yo acuso!" ("*J'accuse…!*"), se le quitó su título de oficial de la Legión de Honor y se vio empujado a exiliarse en Londres. Pero fue justamente durante los avatares y contratiempos sufridos y en la lucha por la causa *dreyfusarde* el momento en que Agosti consideraba que el escritor francés había encontrado finalmente la felicidad, la alegría. Una nueva energía proveniente de su acercamiento a las ideas socialistas. El hecho de que las ideas de Zola estuvieran ligadas al utopismo socialista no constituía un problema para Agosti, puesto que su preocupación estaba en incorporar figuras o modelos a seguir. Su objetivo era que esta biografía interpelara, de modo identificativo, a intelectuales y lectores en general.

El episodio del *affaire* Dreyfus desenmascaró la necesidad del compromiso político-social por parte de la sociedad en general, pero más aún por parte de la intelectualidad. Este momento de interpelación condujo a un quiebre, y estableció un antes y un después en la discusión sobre la relación entre intelectuales y política. Este libro sobre Zola, descrito en su contratapa como "pequeño y amable", no explicitaba cuestiones políticas o partidarias de manera definida, pero desprendía de él un "ejemplo" para quienes veían en Zola un modelo de intelectual que había encontrado, finalmente, el camino del compromiso político. De esa manera podía ser instrumental para la búsqueda de conformación de puentes con el antifascismo no comunista. Asimismo su figura se incorporó al "panteón comunista", al utilizar su nombre (Zola) para denominar muchas instituciones de filiación comunista, como bibliotecas o clubes deportivos obreros.

En la misma línea, *Literatura francesa* también fue un libro de divulgación general en tono manualístico, que brindaba un panorama general sobre diez siglos de vida literaria francesa.[32] En él, Agosti incluyó una variedad de fuentes literarias y de fotografías que ilustraban los principales momentos de la literatura francesa desde la época de los trovadores de la corte, pasando por el feudalismo, el renacimiento, los clásicos, la enciclopedia, el romanticismo y el naturalismo, hasta llegar a aquella literatura marcada por su "preocupación operante por el hombre concreto de todos los días",

---

32   Héctor Agosti, *Literatura francesa*, Atlántida, Buenos Aires, 1944.

cuyos mejores exponentes eran Henri Barbusse y Romain Rolland. De este modo, Agosti reconstruyó esta suerte de linaje, retomando las figuras de Jules Michelet, Louis Aragon, André Breton, Émile Zola, Marcel Proust, como los pilares de la cultura francesa.

Ambos libros (*Emilio Zola* y *Literatura francesa*) fueron muestra del momento que atravesaba el propio autor, reinsertándose como escritor en el ámbito editorial argentino. A pesar de que fueron aceptados por la editorial Atlántida, y por lo tanto podrían verse como desligados de cuestiones políticas, en realidad se condicen también con la intención del PC de abrir sus horizontes, trascendiendo el mundo de la clase obrera y armonizando con sectores extrapartidarios. Es claro que Agosti encontraba en la tradición francesa un modelo organizativo para la intelectualidad, y una "lección" por la forma en que sus intelectuales habían intervenido en debates públicos, adquiriendo un compromiso político significativo, por el cual (siempre junto con la intelectualidad rusa) constituían una fuente de inspiración. En este análisis de Agosti puede verse cómo retomó los principales lineamientos legados por su maestro, Aníbal Ponce.

Capítulo III

Confluencias. Una genealogía histórica nacional

Como en 1810 se impone la unidad del país contra las fuerzas de la reacción.

Orientación, 29 de abril de 1936

1. *Recuperando terreno*

Como vimos, la aparición del fascismo en el panorama político internacional trastocó el eje de las preocupaciones comunistas. La búsqueda de la revolución proletaria –para provocar la ruptura y superación del orden burgués– dejó de ser el tema central. Las circunstancias provocaron un cambio en las prioridades comunistas; el combate contra "la bestia parda" reacomodó a sus militantes en un lugar en el que encontraron puntos de conexión con otros sectores extrapartidarios. En aquel contexto surgieron coincidencias que entremezclaban cuestiones ideológicas –como la defensa de la cultura, de valores democráticos, o la toma de posición en favor de los aliados en la Segunda Guerra Mundial–, junto con intereses estratégicos y electorales, referidos a la política local.

Durante los años finales de la Segunda Guerra, la Unión Soviética buscó demostrar que era una aliada confiable. Stalin manifestaba intenciones de reparar los perjuicios que el Pacto Ribbentrop-Mólotov había causado en su relación con el antifascismo. Para demostrar su voluntad conciliatoria hacia los estados occidentales, disolvió en 1943 el Comintern (III Internacional). Por otro lado, el Secretario General del Partido Comunista norteamericano, Earl Browder, expresaba en 1944 una consigna en la que comunismo y capitalismo podían coexistir pacíficamente, y promovía el alineamiento de los PC de América en la adopción de una línea patriótica, que valorizara las cuestiones nacionales y empujara la política de frentes populares hacia las alianzas electorales.

En este apartado analizaremos algunos de los puntos de confluencia que permitirán comprender la inclusión del PC argentino en la alianza electoral denominada Unión Democrática. En primer lugar, el paso de la defensa del estandarte antifascista a la defensa de la bandera democrática, como discurso opositor a las dictaduras militares y a las prácticas fraudulentas en la política. En segundo lugar, la convergencia en la concepción de la historia nacional: tanto comunistas como intelectuales liberal-democráticos abrevaban de una interpretación de la historia basada en el panteón historiográfico liberal y en el legado de la Revolución de Mayo. Esta concepción se reflejó en los trabajos de Héctor Agosti durante ese período, en los que se evidenciaba su intención de establecer una genealogía histórica nacional, con la que los comunistas pudieran identificarse, y que sirviera para vincularse a otros partidos, posibles aliados electorales.

Veremos que el golpe de estado de 1943 representó una nueva intensificación en la represión por parte del Estado hacia el antifascismo en general, y hacia el comunismo en particular. Por aquellos años, los principales líderes del PCA estuvieron detenidos, confinados o exiliados, y sus periódicos y editoriales clausurados, y fue durante el convulsionado año 1945 que fueron liberados o retornaron del exilio. La vuelta de los dirigentes se produjo en un clima de marcado optimismo, proveniente principalmente de los acontecimientos internacionales: la Unión Soviética había demostrado su poderío bélico en el desenlace de la Segunda Guerra Mundial; sacrificando millones de vidas con el fin de derrotar a los nazis. Una vez superada la guerra, en Europa Occidental los comunistas lograron participar en gobiernos de coalición, con significativos éxitos electorales en Francia e Italia. También se reforzaba su influencia en Europa Oriental, sustentada en el poderío militar del ejército rojo. Mientras tanto, en América Latina los partidos comunistas que estaban en condiciones de hacerlo también optaron por participar en alianzas electorales con sectores denominados "democráticos". Por ejemplo, en Chile participaron en la Alianza Democrática junto con radicales, socialistas, demócratas y lograron triunfar en las elecciones de 1946. Estos años fueron un momento particular en el que el comunismo mostraba gestos conciliatorios y de apertura; sin embargo, este período fue relativamente efímero. El gobierno de Harry Truman en los Estados Unidos hizo de la lucha contra la influencia comunista una de sus prioridades; y el estalinismo procedió a la expulsión del secretario general norteamericano, desechando la línea conciliatoria denominada "browderismo". Estos cambios condujeron muy pronto al establecimiento a nivel mundial de la lógica de la Guerra Fría.

2. Hacia la Unión Democrática

El peso relativo que el PC argentino había adquirido en el juego político a raíz de la estrategia de los frentes populares no se reflejaba en un poder consistente en las urnas, ya que no tenían un peso electoral que les permitiera convertirse en una opción política. No obstante, contaban con una presencia en el ámbito gremial, pues dirigían numerosos sindicatos y –como vimos– habían logrado ocupar un espacio de relativa importancia en el ámbito cultural. A su vez, el hecho de que la política argentina en la década del treinta estuviera reñida con las urnas, debatiéndose entre regímenes fraudulentos o dictaduras militares, le permitía al comunismo sentirse más cómodo como fuerza política al buscar la conformación de alianzas o frentes populares. Este camino conciliatorio respondía tanto a la línea partidaria proveniente de Moscú como a las características propias de la política local.

Desde principios de la década del treinta, el PCA manifestó intenciones de conformar frentes comunes o alianzas políticas. El periódico *Orientación* se encargaba de estimular las relaciones políticas con socialistas y radicales, presentando a los comunistas como defensores de la causa democrática. En el informe del IX Congreso del PCA, Orestes Ghioldi decía: "El comunismo es un ardiente defensor de la democracia",[1] y proseguía argumentando que en la unión estaba la fuerza, por lo que había que procurar construir la unidad con otras fuerzas democráticas. En otros titulares, como incitación a esa unidad, se leía: "Un partido socialista potente y unido en una fuerte conjunción de fuerzas democráticas", o "¡Un frente común contra la delincuencia política! Propone el luchador demó-

---

1 *Orientación,* 10 de febrero de 1938.

crata doctor Lisandro de la Torre",[2] o también: "De la auténtica historia del radicalismo surge el imperativo del frente popular".[3] Los comunistas incluso apoyaron candidaturas radicales: "Alvear debe ser el futuro presidente".[4] Sin embargo, por mucho tiempo tanto los socialistas como los radicales rechazaron la participación de los comunistas en frentes comunes: "El diario socialista [*La Vanguardia*] no sabe ya a qué argumento recurrir para justificar su oposición al ingreso de los comunistas argentinos al frente popular".[5]

A pesar de haber procurado estimular estas alianzas, los intentos de formar frentes populares electorales habían fracasado. Los socialistas rechazaban la presencia comunista, ya que consideraban que ésta hacía peligrosa la conjunción, que los acercaba al terreno de la ilegalidad.[6] A sus ojos, los comunistas eran "tan pocos y tan débiles" que su presencia no era relevante. Por ejemplo, el dirigente socialista Adolfo Dickman veía con desconfianza la proclamada defensa de la democracia por parte de los comunistas argentinos, y desde el periódico *La Vanguardia* sostuvo:

> [L]a Tercera Internacional Comunista con su política de intransigencia; con la amenaza constante de la dictadura del proletariado; con las diatribas contra la democracia y las libertades públicas esenciales; y con la lucha despiadada contra los partidos socialistas que se mantenían fieles a los postulados básicos de la doctrina que orientara su acción fecunda antes y después de la guerra de 1914.[7]

Las negativas y desconfianzas perdieron peso sólo ante la llegada a la política local de Juan D. Perón, al que se percibió en el ámbito antifascista como a un *Duce* criollo. Esta presencia, sumada a las experiencias comunes vividas, tanto a lo largo de la denominada "década infame" como a raíz de las medidas represivas impuestas por el golpe militar de 1943, reforzaron las confluencias. También influyó la dirección que parecía marcar el contexto político internacional de finales de la Segunda Guerra. Todos estos elementos profundizaron una aglutinación que ya contaba con antecedentes y que terminó cristalizándose en la Unión Democrática. Pero para

2 *Orientación*, 12 de diciembre de 1936.
3 *Orientación*, 29 de abril de 1937.
4 *Orientación*, 10 de abril de 1937.
5 *Hoy*, 17 de septiembre de 1936.
6 Véase Andrés Bisso, *El antifascismo argentino*, ob. cit., p. 86
7 Adolfo Dickman, en *La Vanguardia*, 15/10/1936, en Andrés Bisso, *El antifascismo argentino*, ob. cit., p. 541.

comprender esa reunión es preciso remontarnos a las vivencias que atravesaron los antifascistas a raíz del golpe militar del 4 de junio (1943).

El gobierno de Roberto Ortiz (1938-1942), sucesor de Agustín Justo, fue visto por un amplio sector del antifascismo como un retorno a la normalidad política. Ortiz era aliadófilo y radical antipersonalista, y por lo tanto se lo ubicaba dentro del "bando" democrático. Sin embargo, debido a problemas de salud, fue reemplazado por Ramón Castillo, lo que provocó la reactivación de las campañas contra el fraude electoral. En este contexto, el golpe de junio de 1943 fue, en un primer momento, "recibido como un bálsamo por la mayoría antifascista", que esperaba que sirviera para una posterior restitución de la Constitución Nacional.[8] Por ejemplo, desde la filial sanjuanina de Acción Argentina esperaban que el gobierno provisional del militar Pedro Ramírez restituyera las garantías constitucionales. En *La Vanguardia,* declaraban que la asociación "Se regocija y confía en que será un hecho el imperio inconmovible de la verdad, de la justicia, de la libertad, de la democracia y de la fraternidad, elementos formativos y esenciales de nuestra nacionalidad y de nuestra Constitución".[9]

Muy pronto, las medidas gubernamentales contrarrestaron aquellas esperanzas. A pocos días de asumir el general Ramírez, se clausuraron todas las agrupaciones de ayuda a los aliados, entre ellas Acción Argentina y Junta de la Victoria. Las medidas adoptadas por el gobierno militar fueron duras: cesantearon a los profesores universitarios que apoyaron abiertamente a estas organizaciones aliadófilas, disolvieron los partidos políticos, se intervino la Universidad Nacional del Litoral y luego al resto de las universidades nacionales, incluidas las de Buenos Aires y Córdoba, y se declaró ilegal a la Federación Universitaria Argentina (FUA). El nuevo gobierno se oponía a los ideales reformistas y a la autonomía universitaria; dominado por sectores de derecha católica, llegó a instalar la educación católica en el currículo regular de las escuelas públicas.

Muchas de las medidas represivas contra el antifascismo se basaban en la percepción de que este movimiento era una suerte de "caballo de Troya" de los comunistas.[10] Los sectores nacionalistas y

---

8 Andrés Bisso, *El antifascismo argentino,* ob. cit., p. 42
9 *La Vanguardia,* 15 de junio de 1943, en Andrés Bisso, ob. cit., p. 216. A diferencia de muchos sectores antifascistas, los comunistas no apoyaron el Golpe.
10 Andrés Bisso, *El antifascismo argentino,* ob. cit., p. 55.

conservadores de derecha sospechaban que, de manera subrepticia, el accionar de las agrupaciones estaba controlado por "agentes de Moscú". La sensación de amenaza que los gobiernos militares y la derecha sentían por parte del comunismo excedía con creces el verdadero poder del PC, pero de todas maneras el anticomunismo funcionó como justificativo de la represión estatal. Los comunistas fueron uno de los blancos de esta represión, ya previamente al Golpe, en febrero de 1943, al finalizar una reunión con dirigentes de la UCR en la Casa Radical (cuyo objetivo era conformar un frente democrático y antifascista). Las principales figuras de la dirigencia política del PCA, Rodolfo Ghioldi, Victorio Codovilla y Juan José Real, fueron detenidas y conducidas a sus destinos de confinamiento en provincias del interior de la Argentina. Al poco tiempo el PC organizó la fuga de Rodolfo Ghioldi, que fue trasladado a Montevideo, Uruguay, donde permaneció exilado por dos años.[11] Luego del golpe militar del 4 de junio, también Agosti fue detenido en varias oportunidades y se exilió en Montevideo donde, junto a Ghioldi, editaban el periódico *Pueblo Argentino*.

A raíz del Golpe se declararon ilegales y se clausuraron los periódicos *Orientación* y el diario comunista *La Hora*. La editorial Problemas, fundada en 1940 por Carlos Dujovne, también fue clausurada y sus libros fueron quemados. El propio Dujovne fue enviado a la cárcel de Neuquén hasta 1945.[12] Asimismo, en el plano sindical el gobierno suspendió la CGT Nro. 2 de filiación comunista, y también fue apresada gran parte de la dirigencia sindical comunista. Luis Sommi, del sindicato maderero, y José Peter, dirigente de los obreros del Sindicato de la Carne, estuvieron presos entre 1943 y 1945 en Neuquén, donde compartieron la cárcel con el dirigente Juan José Real, Antonio Castagnino (hermano del artista plástico Juan Carlos Castagnino) y Benito Marianetti. También estuvieron detenidos Ernesto Giúdici y el médico Emilio Troise; este último, luego de su estadía en la cárcel de Devoto, partió al exilio uruguayo.

Como ya se ha mencionado, muchas personalidades que participaban en las agrupaciones antifascistas fueron empujadas a exiliarse, principalmente hacia Chile y Uruguay. En este último país se conformó, en 1944, la denominada *Junta de exiliados* de Montevideo,[13] en la que se reunieron figuras de distintas filiaciones políticas opuestas al régimen militar: Nicolás Repetto, Alfredo Pa-

11 Horacio Tarcus, *Diccionario*, ob. cit., p. 254.
12 Ibid., p. 191.
13 Andrés Bisso, *El antifascismo argentino*, ob. cit., p. 44.

lacios, José Gabriel, Guillermo Korn y Julio Noble compartían el lugar y las preocupaciones con comunistas como Rodolfo Ghioldi y Héctor Agosti.

Ante la represión estatal el antifascismo se vio nuevamente aglutinado y adoptó una actitud combativa. Volvían a primar las coincidencias, los valores en común; se reencontraban pregonando por la defensa de la democracia. Por aquel entonces el poder de movilización de los sectores antifascistas era considerado importante. Incluso los comunistas –que solían ser los menos numerosos en términos de resultados electorales–, una vez que estimaron que el régimen daba signos de permitir nuevamente el goce de las libertades personales y la implementación de una democracia electoral, decidieron hacer una muestra de su poder de convocatoria. Cuando en 1945 fueron liberados los dirigentes comunistas de sus respectivos presidios y retornaron aquellos que habían estado exiliados (entre ellos Agosti), se procedió a la organización de un gran acto a realizarse en el estadio porteño Luna Park, el primero de septiembre de 1945. Rodolfo Ghioldi fue el principal orador, y participaron líderes sindicales, políticos, juveniles y femeninos del PCA. En el acto se convocaba a formar parte de un *amplio frente democrático* junto con radicales, socialistas, demócrata-progresistas y conservadores. Apelaban a la confluencia tanto en la defensa del bando de los aliados en la Segunda Guerra como a un panteón histórico nacional común.

Las confluencias superaban las desconfianzas y el camino más natural llevaba a la conformación de la Unión Democrática. Era lo que estaban haciendo también los partidos comunistas europeos y latinoamericanos: participar de alianzas electorales en el bando de las "fuerzas democráticas". El paso de la defensa de la causa antifascista a la defensa de la causa democrática, vinculado con la línea del comunismo a nivel internacional, se plasmaba en la búsqueda de coincidencias en el ámbito electoral local. Finalmente, Rodolfo Ghioldi encabezó la Lista de la Unidad y la Resistencia (de la Unión Democrática) como candidato a senador por Capital Federal junto a Julio A. Noble.[14] Las fuerzas del PC argentino se rearmaban y el populoso acto del Luna Park fue percibido como una prueba de su fuerza de movilización. Éste parecía ser definitivamente el momento en el que todo podía acomodarse. Todavía se consideraba clara la escena política: ellos eran los defensores de la democracia,

---

14 Horacio Tarcus (dir.), *Diccionario Biográfico*, ob. cit., p. 254.

los héroes antifascistas, que seguían enfrentándose a los reaccionarios nazi-fascistas. La denominación "nazi-peronismo" obedecía a esta imagen de la situación política.

3. La construcción de una genealogía histórica revolucionaria

En aquel acto del Luna Park las figuras de San Martín, Moreno, Sarmiento, Alberdi, Echeverría y Ponce eran parte importante de la escenografía que engalanaba la velada. Veremos que una de las preocupaciones de Agosti fue ofrecer una guía para acercarse a las figuras del panteón del pensamiento nacional, para que los comunistas formaran parte de una tradición histórica nacional, tradición que, asimismo, era uno de los puntos de confluencia con el resto de las fuerzas que integrarían la Unión Democrática.

Una vez más, Agosti asumía su rol de intelectual del Partido Comunista y se dedicaba a exponer los méritos de aquellos próceres, los puntos a rescatar, las enseñanzas a seguir, y también las circunstancias que explicaban sus "errores ideológico-políticos", para comprenderlos y finalmente absolverlos de sus fallas. Encontrar una base cultural nacional propia, tanto en el arte y en la literatura como en el plano histórico, constituía para Agosti una forma de lograr el despertar de la sociedad en su conciencia política. Al ser un escritor respetado por la militancia, sus interlocutores y lectores encontraban en él un referente al que recurrir, que podía guiarlos y brindar criterios para construir una idea sobre arte, cultura y también sobre historia argentina. De este modo, Agosti irá adquiriendo progresivamente la función de explicar a sus lectores quiénes estaban dentro de la genealogía comunista. Agosti percibía su tarea como una labor militante, no meramente intelectual; respondiendo así a sus propias concepciones sobre la función del intelectual. Perseguía un propósito relacionado a los objetivos partidarios, por lo que no había ninguna contradicción entre formular una genealogía de pertenencia a la historia nacional con el internacionalismo comunista, puesto que la propia estrategia del PCUS estalinista se orientaba a dicho encuentro con la cuestión nacional.

La vuelta de Agosti desde su exilio en Montevideo en 1945 coincidió con la publicación de su libro *José Ingenieros, ciudadano de la juventud*,[15] en el que procuró recuperar la figura de José In-

---

15 Héctor Agosti, *José Ingenieros, ciudadano de la juventud*, Futuro, Buenos

genieros y la tradición de la que este pensador formaba parte, estableciendo un linaje histórico nacional. Para ello se valió de una concepción histórica nacida en la Revolución de Mayo de 1810, forjada en el pensamiento y el accionar revolucionario de Mariano Moreno, que continuaba en la generación de 1837 –con su enfrentamiento a Juan Manuel de Rosas–, en la figura de Esteban Echeverría, Sarmiento, Alberdi y los positivistas, para finalmente llegar a José Ingenieros. Figura ésta última que merecía una atención especial por parte de Agosti, especialmente debido a su toma de posición política afín al socialismo, su apoyo abierto a la Revolución Rusa, y su contacto con una generación de jóvenes formados en el candor de la lucha por la Reforma Universitaria. El linaje conducía directamente a Aníbal Ponce (discípulo de Ingenieros), quien desarrolló –a ojos del autor– un marxismo más maduro y científico, conformando espacios como AIAPE y dejando un legado intelectual abrazado por el propio Agosti.

La importancia de construir una historiografía nacional "marxista" acorde a los deseos de la dirigencia política del PCA era central en la estrategia partidaria de frentes populares. El primer exponente en este sentido fue Rodolfo Puiggrós y la revista *Argumentos*, pero también en los periódicos solía haber una columna o sección sobre historia argentina. En *Hoy,* por ejemplo, había una sección de historia argentina "con criterios marxistas".[16] Al respecto, Sommi relataba cómo había influido en los presos de Neuquén la llegada de una epístola escrita por el dirigente Victorio Codovilla, en la que se reflejaba la importancia que el dirigente le otorgaba a los conocimientos de historia para la formación de los militantes:

> [S]e plantea con vigor la necesidad de estudiar, conocer, interpretar y manejar con mayor eficacia la historia argentina. La historia es también un arma de lucha; se la utiliza en un sentido o en otro para resolver el presente y estructurar el futuro de la Nación.[17]

La intención de contar con una interpretación propia de la historia nacional cobraba sentido ante la acusación por parte de los sectores nacionalistas de que los comunistas abrevaban de una ideología extranjera y que su internacionalismo los despegaba de las tradiciones nacionales. Lejos de ser o de pretender ser un histo-

---

Aires, 1945.
16   *Hoy,* 8 de octubre de 1936.
17   Victorio Codovilla, citado en Luis Sommi, *Neuquén: vida de los presos políticos,* Partenón, Buenos Aires, 1946, p. 187.

riador profesional, Agosti ofrecía de todos modos una perspectiva o una interpretación de la historia nacional. Ya desde *El hombre prisionero*, presentaba esta "línea histórica revolucionaria" cuyo origen databa de mayo de 1810.[18] Retomaba la Revolución de Mayo pues consideraba que los unía a aquella tradición el "sentido genérico de nuestra empresa de libertad nacional", aunque se diferenciaba en la diversidad social de los actores revolucionarios y en las maneras en que buscarían sus objetivos.

En su deseo por recuperar el optimismo de la acción, Agosti consideraba que el nexo con la tradición revolucionaria de Mayo estaría dado por el sentido "democrático". En esta dirección, buscaba una línea histórica progresista. De la generación del 37, por ejemplo, rescataba la "doctrina coherente" formulada por Echeverría, en especial en referencia a su concepción de revolución plasmada en *El Dogma socialista*: la revolución como "desquicio", como un cambio profundo que se manifestaría más allá de las formas externas de gobierno, estaría presente en la lengua y en la literatura, en la cultura, y por lo tanto en la conciencia de la sociedad (Agosti dedicará un libro a Echeverría en 1952). En cuanto a la generación del 80, consideraba que su importancia radicaba en haber marcado "el surgimiento de lo argentino", aunque había estado conformada por una burguesía que no había sabido encontrar su papel histórico y que no había podido llevar a cabo la "revolución democrática burguesa". De todos modos, de ella provenía Domingo Sarmiento, a quien Agosti estimaba como el precursor de una ruptura franca con lo hispánico colonial, y a quien reconocía por haber utilizado la literatura como una forma militante de hacer política.

En suma, Agosti se preocupaba por la relación entre el lenguaje y la nación, y consideraba que desde la literatura era posible emprender la labor de crear una "conciencia nacional". Había que encontrar una inspiración vernácula, sin imitar lo europeo, sino intercambiando y absorbiendo influencias externas de manera crítica. Es en este sentido que rescataba a Sarmiento, pues encontraba en él un "renovador profundo del idioma", que había podido establecer relación entre la literatura y la política, buscando un lenguaje argentino. Si bien Agosti se distanciaba de ciertas concepciones sociológicas de Sarmiento, priorizaba el entendimiento y buscaba las vías de conexión con su pensamiento y su accionar. Sostenía que, a pesar de las críticas, se le debía reconocer su carácter político:

---

18 Héctor Agosti, *El hombre prisionero,* ob. cit., p. 148.

[P]odía decir, [Sarmiento] como un consejo vital entregado a los jóvenes que lo reverenciaban en su ancianidad venerable: "Hagan como yo, caramba, que siempre he vivido sin pedir permiso al jefe de policía". Y en esta despedida hirsuta, más firmemente que en parte alguna, se resume la sociología política de Sarmiento.[19]

En definitiva, Agosti sostenía que en realidad "su autoritarismo no es otra cosa que su intención de crear una república".[20] Ésta era la imagen de Sarmiento que Agosti buscaba plasmar entre sus lectores.

Su recorrido proseguía por el "rumbo argentino", analizando ahora la generación que había sido deslumbrada por el positivismo, generación de la que José Ingenieros formaba parte. En su libro sobre Ingenieros, Agosti reconstruyó su recorrido intelectual y las influencias que fueron determinando sus *rumbos teóricos*. Ingenieros se acercó a la sociología en pleno apogeo del positivismo y del darwinismo social, corrientes que lo habrían "encandilado" y atraído hacia sus filas; "allí cayó Ingenieros" sentenciaba Agosti. Sin embargo, Ingenieros pudo dar cuenta –siempre según Agosti– de "lo argentino", escuchó la voz de Sarmiento y de Alberdi, e intento de dar cuenta de las problemáticas argentinas a través de la utilización de herramientas teóricas provenientes del extranjero.

Más allá de que Ingenieros había tenido una juvenil militancia en el Partido Socialista, y a pesar de su interés por las cuestiones sociales, según Agosti su participación en el PS obedecía más a su afán sociológico que a una personalidad política: Ingenieros "no era un político", aunque la cosa pública no le fuera indiferente. Su carrera académica lo fue alejando de la militancia; era un hombre de gabinete, un investigador. De todas maneras, Agosti consideraba que a pesar de sus momentos de distanciamiento, su fe en el socialismo no lo abandonaría por el resto de sus días.

A partir del relato de la relación entre Ingenieros y el marxismo, Agosti aprovechó para presentar de manera didáctica los debates internos del marxismo de su época: las posturas del italiano Antonio Labriola, de Eduard Bernstein, las críticas formuladas por Sombart, y, a partir de allí, ofrecer al lector que pudiera estar "confundido" una explicación de los errores, las desviaciones que se cometían respecto de la línea del método dialéctico. De este modo,

---

19 Ibid., p. 111.
20 Ibid., p. 106.

fue estipulando un recorrido en el que determinaba qué posturas y quiénes estaban encaminados y quiénes se habían desviado.

Para Agosti, Ingenieros había tenido a lo largo de su vida numerosos errores o incomprensiones; entre ellos, el haber llegado a justificar el imperialismo, en tanto lo veía como una reproducción de la lógica del darwinismo social, del triunfo del más fuerte. Ese darwinismo social que había alguna vez defendido Ingenieros lo llevaba al terreno filosófico de un determinismo mecánico, que no dejaba lugar a la voluntad del hombre para cambiar la sociedad. Asimismo, Agosti señalaba que Ingenieros muchas veces había dado muestras de su desprecio por las muchedumbres, resaltando el papel de las minorías ilustradas como líderes y responsables de los procesos históricos, además de haber manifestado opiniones racistas. El problema de Ingenieros era, de acuerdo con Agosti, su esencia de hombre de gabinete; lo suyo era un "socialismo de cátedra". En este diagnóstico sobre las debilidades de Ingenieros, vuelve a manifestarse un rasgo del pensamiento de Agosti que, sin llegar a ser antiintelectualista, sí era crítico de los hombres de gabinete que renegaran de sus deberes político-sociales.

Los errores de Ingenieros se debían al clima de ideas en el que estaba inmerso, lo importante para Agosti se hallaba en los momentos en que sí había manifestado un compromiso político: la Primera Guerra Mundial había producido en Ingenieros un cambio y un renovado interés por los asuntos políticos: "de pronto sufre una transformación. Ya no es el indagador más o menos indiferente en medio de su abroquelamiento científico. Una tenacidad de militancia se le mete en la sangre",[21] relataba entusiasta "El socialismo le renacía".[22] Ingenieros se habría transformado entonces, a ojos de Agosti, en un ejemplo de intelectual, pues abandonando el gabinete se vio impelido a volver al terreno de la política, "rescatando ejemplarmente la misión militante de la inteligencia" y adoptando una actitud de "coraje civil".[23] Más aún, ante las noticias sobre la Revolución Rusa Ingenieros se había movilizado y apoyado abiertamente este nuevo proyecto de sociedad. Solo esa defensa valía el rescate de su figura como parte de una tradición. Agosti lo definiría diciendo que era "uno de los nuestros":

Fácil y cómodo sería descubrir a la distancia los errores de detalle. ¿Qué pueden importarnos cuando vemos al autor de *El hom-*

21 Héctor Agosti, *Ingenieros...*, ob. cit., p. 138.
22 Ibid., p. 165.
23 Ibid., p. 172.

bre mediocre irguiéndose en medio de la polémica argentina para defender ese ímpetu de futuro percibido en el oriente augural?[24]

En otro orden, rescataba su conducta individual, su ética, el mérito de haber abandonado la torre de marfil en la que permanecían muchos intelectuales. Ingenieros era "la encarnación de dicha conciencia política, traducida en sus aspiraciones de un socialismo nutrido por los jugos nacionales".[25] Agosti proponía así una lectura en clave moral; rescataba su imagen, su conducta solidaria y el haber marcado el camino a las futuras generaciones. Era el *maestro* de una nueva generación, de una intelectualidad organizada y comprometida políticamente, cuyo mejor exponente fuera Aníbal Ponce.

Ponce había sido discípulo de Ingenieros, influido al igual que él por las corrientes positivistas y liberales, y por la herencia de la generación del ochenta, y de Sarmiento en particular. Pero el mérito de Ponce –según Agosti– era que éste finalmente "comprende que la filosofía se resuelve en la política"; llegando a la dialéctica marxista, "presiente" que para la inteligencia existe una función más vasta que su mera especulación solitaria. Para Agosti, la experiencia de la Reforma Universitaria, que marcó la sensibilidad de una época, constituía un "gesto inicial"[26] que debía ser superado buscando su significado extrauniversitario y social. Agosti señalaba que Ponce "había descubierto que sólo el marxismo podía entregarle una cabal concepción del mundo. Pero el viaje a Rusia le completó esa visión teórica, porque le iluminó el paisaje del hombre soviético".[27] Haber viajado a Europa, a la URSS, haber entrado en contacto con el grupo de Henri Barbusse en Francia, haber fundado AIAPE y luego pasar por la experiencia del exilio eran las razones por las que Agosti retomaba su figura y por las que se consideraba su discípulo. Para finalizar, Agosti establecía otra línea de sucesiones que incorporaba también a José Carlos Mariátegui, en cuanto compartía con Ingenieros y Ponce el haber participado en el movimiento reformista, en su ala antiimperialista, y por haber descubierto el sentido revolucionario de los deberes militantes de la inteligencia.

¿Qué definía a Ingenieros, según Agosti, como un referente de la genealogía comunista? ¿Cuáles eran las virtudes que ameritaban escribir un libro con su nombre? En principio, Agosti consi-

24 Ibid., p. 174.
25 Ibid., p. 196.
26 Héctor Agosti, *Cuaderno de Bitácora,* ob. cit., p. 124
27 Héctor Agosti, *Defensa del realismo*, ob. cit., p. 155.

deraba que Ingenieros nunca había podido deshacerse del todo de su compromiso político y que, por ello, había podido introducir el idioma político en sus escritos sociológicos. Ingenieros era un "apasionado", un "atrevido"; ese coraje con que sostuvo sus principios lo acercaba a dicha genealogía.

Si el pensamiento de Ingenieros tenía "residuos", "desviaciones" (como las críticas a Marx), Agosti resaltaba sus méritos, entre los que estaba haber sostenido criterios científicos, y haber encontrado una motivación ética en su trabajo, sus esfuerzos como organizador cultural, manteniendo activas las publicaciones y espacios de contacto, como la Unión Latinoamericana y la *Revista de Filosofía*. Su apoyo a la Revolución Rusa y a la reforma universitaria, y sobre todo haber permitido la conformación alrededor suyo de una nueva generación de jóvenes, que se acercarían aún más al marxismo, lo colocaban como un eslabón en la línea genealógica que llegaba finalmente a confluir con el marxismo, con el PCA y con el propio Agosti.

4. El artista y la política. Entre la defensa del realismo y la voluntad higiénica

En 1945 se publicó en Montevideo *Defensa del realismo,* una compilación de conferencias dictadas por Agosti en la Facultad de Arquitectura de esa ciudad, y en distintas filiales de AIAPE. Allí plasmó su posición y su diagnóstico sobre la situación de la intelectualidad y, fundamentalmente, sobre lo que consideraba debía ser el rol de los artistas. Se trató de una reflexión sobre la estética, la creación artística, el arte como forma de conocimiento y como sensibilidad.

En ese libro, Agosti no se refirió a un "realismo socialista" sino a un "nuevo realismo". Como lo ha señalado María Teresa Gramuglio, en *Defensa del realismo* Agosti "se mostró cautelosamente distanciado" de las teorías prescriptivas soviéticas.[28] De su omisión a referirse a un "realismo socialista", y su preferencia por los términos "nuevo realismo" o "realismo dinámico", podría deducirse el deseo de evitar posicionarse en favor de una línea estética endurecida. En palabras de Agosti, el realismo sufría las "cargas peyo-

---

28 María Teresa Gramuglio, en prólogo a Juan Carlos Portantiero, *Realismo y realidad en la narrativa argentina*, Eudeba, Buenos Aires, 2011, p. 15.

rativas del lugar común".[29] Por aquel entonces la corriente estética del realismo socialista era vista como un modelo de arte combativo, comprometido con la realidad. Resulta pertinente mencionar que numerosos artistas argentinos vinculados al PC, como Antonio Berni, Juan Carlos Castagnino, Lino Spilimbergo, Enrique Policastro, Demetrio Urruchúa, etc., se posicionaron como parte del movimiento del Nuevo Realismo, en especial por las temáticas elegidas relacionadas a cuestiones sociales y políticas.[30]

Centrándose en los temas que rodean a la creación artística, Agosti pretendió formular "una aproximación gnoseológica a la estética o, si se prefiere, una exploración del arte como forma particular y específica del conocimiento de la realidad".[31] Planteaba la necesidad de superar las corrientes artísticas dominantes hasta el

---

29 Héctor Agosti, *Defensa del realismo*, ob. cit., p. 14. Sobre esta cuestión, cuando aún era miembro del PCA (1961), Juan Carlos Portantiero sostuvo en una nota a pie de página: "Al referirme al realismo como tendencia en la literatura contemporánea, me refiero, obviamente, a lo que se ha llamado 'realismo socialista'. Prefiero, sin embargo no usar esa calificación porque me parece provisional y limitativa", en Portantiero, *Realismo y realidad en la narrativa argentina*, ob. cit., p. 69.

30 Véase Horacio Tarcus (dir.), *Diccionario Biográfico de la Izquierda Argentina*, ob. cit. Antonio Berni (pp. 64-66), quien había viajado a Europa para su formación artística con los fondos de una beca del Jockey Club de Rosario y con otra beca del gobierno de Santa Fe, entró en contacto –estando en París– con un círculo de artistas renombrados como Breton, Dalí, Tzara, Eluard; entabló también amistad con el filósofo Henri Lefebvre, Henri Barbusse y con el poeta Louis Aragon, a partir de lo cual se fue vinculando con las ideas de izquierda y con el arte comprometido en causas sociales. Al volver a la Argentina se acercó al PC y a las problemáticas sociales locales; expuso para AIAPE la muestra "desocupados" y publicó en 1936 el artículo "El Nuevo Realismo" en la revista *Forma*, posicionándose contra el arte decorativo con el objetivo de recuperar la temática de los contenidos sociales y políticos. Según esta biografía, Berni era amigo de Agosti desde 1940 y, si bien no era afiliado del PC, sus relaciones con los intelectuales del Partido fueron permanentes.
Por su parte, Lino Spilimbergo (Tarcus, ob. cit., p. 638) promovió la creación en 1933 del Sindicato de Artistas Plásticos y defendió una concepción de artista con una "función social". Spilimbergo junto con otros artistas convocaban a participar en el sindicato con los siguientes argumentos: "nos proponemos realizar en común [...] obras con destino público; animar nuestras concepciones plásticas de un auténtico contenido social [...]; adoptar métodos de labor por colectivos de artistas [para] lograr que se reconozca al arte como de utilidad social [...] y formar entre los artistas una conciencia solidaria". También Juan Carlos Castagnino (Horacio Tarcus, ob. cit., p. 125), quien sí fue militante afiliado del PCA, se consideraba parte del "nuevo realismo", y elegía para sus obras temáticas del mundo del trabajo obrero y campesino; su relación con el PC continuó hasta su muerte; en su sepelio –en 1972– Agosti fue uno de los oradores.

31 Héctor Agosti, *Defensa del realismo*, ob. cit. (nota a la segunda edición).

período de entreguerras, es decir, el naturalismo y las vanguardias estéticas surrealista y cubista. Según su diagnóstico, ambas debían ser retomadas pero superadas por esta nueva corriente artística, a la que denominaba "nuevo realismo".

En cuanto a los naturalistas, Agosti consideraba que su percepción de la realidad tenía el mérito de ser cientificista y objetiva, pero fallaban en su imposibilidad de "reaccionar" frente a esa realidad. Se detenían ante la superficie de los acontecimientos sin poder indagar en sus causas, ni formular respuestas activas. Por otro lado, las vanguardias surrealista, cubista o dadaísta, si bien surgían del contexto de crisis de la sociedad burguesa, se limitaban a ser sólo un reflejo de la "conciencia angustiada" de la época; eran "pura intuición" e implicaban una actitud de repliegue ante los conflictos reales del mundo. A los naturalistas "la trama sutil y endiabladamente dialéctica de la realidad esencial se les escurre entre los simples datos de los sentidos"; y por ende adoptan una postura pasiva, sin alma: observaban, entendían, pero sólo llegaban hasta ese punto, sostenía Agosti.[32] Mientras que las vanguardias eran, a sus ojos, corrientes que correspondían a un hombre desencajado, individualista; un hombre que se evadía de su realidad y que en su máxima expresión podía incluso transformarse al "nihilismo anárquico". Sin embargo, las vanguardias contaban entre sus filas con personalidades que Agosti admiraba, como Paul Eluard o Louis Aragon, artistas que en su opinión habían podido abandonar la "realidad soñada" para hundirse en la "realidad verdadera".

De todas maneras, en referencia a las vanguardias sostenía que "Semejante gnoseología de lo incognoscible repugna al nuevo realismo", para dejar en claro su distancia con respecto a estas corrientes.[33] En este sentido, el nuevo realismo era presentado como un momento de superación, que desempeñaría un papel primordial en la construcción de una nueva sociedad. En ella, el artista se tornaría consciente de los fines de su obra y podría convertirse así en un "transformador". Contaba para ello con la estructura y los fundamentos filosóficos del marxismo, con el conocimiento dialéctico como respaldo, es decir, lo que Agosti calificaba como "sistema coherente de razones aclaradoras".[34] Esto permitiría al artista que se lo propusiera alcanzar con sus obras lo "real posible" y, por lo tanto, acercarse a la dirección del desarrollo histórico.

32 Héctor Agosti, *Defensa...*, ob. cit., p. 17.
33 Ibid., p. 16.
34 Ibid., p. 26.

En esta concepción, el arte no podía ni debía divorciarse del mundo real, pues perdería así su propia condición transformadora. La esencia del arte era ser un instrumento de transformación del mundo, y la tarea del nuevo realismo: "tornar consciente la conciencia a veces inconsciente del artista".[35] El artista debía descubrir la realidad esencial tras las apariencias, arrojándose hacia las ideas vivas e insertándose en el mundo. El nuevo realismo era "voluntad de encauzar el arte y la literatura por rumbos sistemáticos", con el objetivo de lograr la revolución.[36] Para ello debían internarse en lo real, comprender, tomar conciencia; implicaba también una actitud dinámica, optimista, con certidumbres en el camino a seguir. El nuevo realismo debía caracterizarse por su capacidad transformadora y nutrirse de la pasión (militante), así como de una preocupación moral. Éstas eran las vigorosas directivas que para Agosti, y para el comunismo, debían guiar el camino del artista.

En dicha concepción era fundamental la sensación de conocer la "verdad". Lo que ofrecía Agosti en este libro era una explicación de cómo alcanzar esa realidad "verdadera" para luego transformarla. Formar parte del nuevo realismo constituiría un "ascenso" para el artista, y este ascenso se lograba cuando se era "consciente" de la realidad y se proponía transformarla a través de su obra. Agosti ofrecía una suerte de receta para experimentar ese ascenso y llegar a esa conciencia: quienes irían ascendiendo serían los artistas que se acercaran al PC. Por lo tanto, era vinculándose con esta organización que ganarían la capacidad de desentrañar la verdad. Por ejemplo, en referencia a Raúl González Tuñón, Agosti consideraba que fue sólo a partir de los años treinta –cuando se desvinculó de sus orígenes en el grupo Florida– que "comienza a elevarse, cada vez más coherentemente, a la comprensión del proceso histórico, único instrumento capaz de permitirle cumplir válidamente su oficio de adivinación";[37] de este modo, ganaba en fertilidad, coherencia, "claridad" y comprensión del proceso histórico con sus leyes precisas, y se acercaba así a la poesía de masas.

Los requisitos para que el artista fuera considerado parte del nuevo realismo, además del compromiso y del "servicio militante", tenían que ver con cuestiones de estilo. Como ejemplo de "verdadero poeta" Agosti tomó a Juan L. Ortiz, pues consideraba que "ha eliminado, en plena conciencia todos los recursos de *crochet*

---

35   Ibid., p. 20.
36   Ibid., p. 40.
37   Ibid., p. 136.

femeninos [...] [N]o hay en Ortiz ni los viejos juegos retóricos ni el brillante oropel técnico, frecuentes ocultaciones de la flacura del pensamiento. Su lenguaje es dolorosamente sobrio y severo".[38] Entrando de lleno en el terreno del análisis crítico, no sólo de la obra de arte sino del proceso en que esa obra era concebida, Agosti sostenía que el nuevo realismo "prefiere que el artista tenga conciencia de sus medios expresivos en vez de librarse al furor espontáneo de la inspiración":[39]

> [L]o que interesa es que el artista ascienda a la conciencia del objeto y cuando ha llegado a esa conciencia bien puede dejársele en libertad de sus medios expresivos, que serán cerrados o translúcidos según sea su nota psicológica individual, a menos que incurriese en una repugnante traición consigo mismo, anticipo de una segura traición hacia sus prójimos.[40]

Como vemos, Agosti fue endureciendo los parámetros que delineaban quiénes eran verdaderos artistas revolucionarios, dando cuenta –aun sin mencionar explícitamente ningún conflicto en particular– de las disputas que empezaban a surgir entre ellos y el funcionamiento de la rígida estructura partidaria y, como consecuencia, el creciente temor a la "traición". Desde el primer capítulo de *Defensa del Realismo,* llamado "Los tormentos de la conciencia artística", remarcó la tensión existente entre la política y la figura del intelectual, y más aún del artista:

> [E]l artista como tal no es, ni por su esencia ni por su entraña, un político cabal. Actúa con distintas categorías de sentimiento y de pensamiento, y fuera entonces torpeza inaudita buscar en la obra de arte respuestas políticas, indicaciones para una actuación directa, soluciones para dolores concretos, rumbos de acción para las inquietantes adversidades de cada día. El artista habrá cumplido su misión cuando haya alcanzado a describir en su obra aquellas contradicciones que impulsan el adelanto del mundo. Nada más; pero nada menos, tampoco.[41]

La función del artista era describir las contradicciones, nada más. No era a ellos a quienes se debía recurrir para obtener respuestas sobre el accionar político. Agosti planteaba una suerte de división del trabajo, en la que cada uno debía atender a su tarea. Los

38 Héctor Agosti, *Defensa...*, ob. cit., p. 122 y 125.
39 Ibid., p. 26.
40 Ibid., p. 23.
41 Agosti Héctor, *Defensa...*, ob. cit., p. 69.

cuadros del comité político tenían a su cargo la dirección partidaria, y los artistas tenían la misión de crear conciencia revolucionaria a través de la cultura. Los artistas brindaban una valorada ayuda a la causa, colaborando además en la búsqueda de prestigio del partido.

En esta división del trabajo, Agosti oficiaba de intermediario: era quien trasmitía qué era lo que buscaba el partido de sus intelectuales y artistas, qué necesitaba de ellos y cuáles eran los límites de sus incumbencias. Una vez aclarados los diferentes roles y espacios, Agosti recordaba la comprensiva actitud que Marx había demostrado hacia ellos, aunque aclaraba que no había que "excederse" la indulgencia. Tratando de equilibrar entre "prácticos" y "poetas", escribía:

> [E]n el tiempo de la pelea el poeta suele cosechar la sonrisa desdeñosa de algunos "prácticos" a todo trapo. Pues si no es el tiempo de detenerse a recitar versos de amor mientras la metralla canta sus letanías sobre las ciudades abiertas, también será siempre repudiable estupidez de filisteos proclamar la inutilidad de los poemas y de los poetas.[42]

Frente a las críticas al nuevo realismo, provenientes de los "vulgares cultores que lo deforman", Agosti tomó una actitud defensiva:[43] el nuevo realismo no era anulación de la persona, no reclamaba la uniformidad de los medios expresivos, no imponía recetas, sino que se limitaba a proporcionar un orden filosófico. De este modo Agosti pretendía mantener una actitud que conservara aquella "ardida vocación de libertad", a pesar de las dificultades que encontraba para sostenerla.

En el apartado sobre la Nueva Crítica –artículo proveniente de una conferencia ofrecida en la AIAPE de Montevideo en 1943–, explicó la necesidad de conformar una visión crítica para poder comprender las razones teóricas del fenómeno artístico y literario de manera sistemática y con rigurosidad científica. Esta crítica, que "enseñar[ía] a leer", debía adaptar los ojos del lector a la intención del autor y por lo tanto tendría una "función estricta, de incuestionable valor militante",[44] por lo que otorgaría una nueva actitud activa, de combate, que rechazara el artepurismo. Así pues, debía convertirse en el "cerebro de la pasión", incluso aspirar a modificar el objeto mismo de su examen. Agosti consideraba que una de las

---

42 Héctor Agosti, *Defensa...*, ob. cit., p. 121.
43 Ibid., p. 28.
44 Ibid., pp. 65 y 66.

funciones de la crítica era mantener una "esforzada voluntad higiénica", que los resguardara de "artistas presuntos".[45]

Más adelante, en su libro *Cuaderno de Bitácora*, publicado en 1949, Agosti propuso un rol para las bibliotecas públicas, que enseñarían a leer ayudando a los lectores a discernir entre el "sentido aparente" y el "sentido oculto" de las obras, para lo cual resultaba imprescindible la presencia de una crítica viva "en este país tan desvalido de crítica directora".[46] Para ello el bibliotecario podía ser un instrumento eficiente frente a los lectores, caracterizados por Agosti como el snob "que no piensa, ni selecciona y se conforma con deslumbrarse", o "las señoritas" que se dejan llevar por la moda.[47] Frente a estos lectores "incautos", el bibliotecario debía ofrecer una "porción de verdad", remover ideas, reforzar el sentido de la responsabilidad, y sobre todo cumplir una función orientadora. "No es que me oponga a que nadie lea lo que mejor le venga en gana", pero a sus ojos la lectura debía ser un hábito de cultura disciplinado y fecundo, practicado con humildad y tenacidad. "Enseñar a leer equivale sobre todo a formar en el hombre el sentimiento de responsabilidad humana".[48] En este sentido es que procuraba formar lectores militantes, que comprendieran que la cultura constituía una actividad y no una contemplación. La lucha revolucionaria implicaba una encrucijada definitiva, y frente a ella Agosti defendía una actitud de "jubiloso optimismo", aunque también se acrecentaban las desconfianzas y la presencia de elementos de vigilancia o reproches frente a los desempeños de artistas e intelectuales.

El PC se presentaba entonces como el conocedor del camino, aquella organización que podía proveer una guía a intelectuales y artistas para tornarse revolucionarios. Agosti veía con optimismo el recorrido, "progreso esencial sobre la incierta doctrina de la escuela de Boedo. Aquel callejón sin salida de la desesperación semianárquica ahora aparece corregido por el conocimiento de las leyes precisas que rigen el curso de la historia".[49] Esta visión de la dinámica social y de la trama histórica se sustentaba en su fe en el marxismo-leninismo. Pero, a pesar de sentirse imbuido de esa "claridad" ante el devenir histórico, Agosti también se planteaba el

---

45 Ibid., p. 69.
46 Héctor Agosti, *Cuaderno de Bitácora* [1949], 2da. ed., Lautaro, Buenos Aires, 1965, p. 166.
47 Ibid., p. 161.
48 Ibid., p. 169.
49 Héctor Agosti, *Defensa del realismo*, ob. cit., p. 137.

problema y la tensión entre la defensa de esta literatura militante y el escaso valor artístico de muchas de las obras, concebidas puramente para dar cuenta de esa militancia. En referencia a la poesía, sostenía: "Ya sabemos que el principal reproche a esta poesía de militancia civil consiste en censurarle su escasa dignidad artística [...], se transforman en editorialistas aunque escriban poemas, novelas o piezas de teatro".[50] Así, Agosti daba cuenta de que su llamado a la postura militante en el arte podía comprometer la calidad poética. También ponía en evidencia la tensión entre pretender crear una poesía de masas y caer en escribir algo "para que nadie pueda quejarse de no haber entendido".[51]

Agosti presentó las problemáticas e intentó dilucidar cómo lograr un equilibrio en el que el nuevo realismo no se subsumiera en un arte panfletario o puramente propagandístico. Ésa era su principal función como intelectual del Partido Comunista: otorgarles un espacio de reflexión a aquellos que buscaran la forma de transformar el mundo a través del arte. Su objetivo era promover la "literatura militante"; estimular el compromiso político; mostrar el camino hacia ese "ascenso", hacia esa "conciencia", e incluso el camino hacia la "verdad". A sus ojos, esta verdad iba de la mano del Partido Comunista, pues éste contaba con una base científica marxista y con el ejemplo de la revolución proletaria en la Unión Soviética, lo que otorgaba una intensa sensación de certeza:

> [A]manecerá ese día en que el hombre haya llegado a un grado tal de civilización que no sea el problema económico su preocupación principal. Ya no es la utopía generosa. Ahora es la realidad que, por haber mostrado su validez y genuinidad sobre la sexta parte de la tierra, se transforma en el término seguro de todas las esperanzas y en el nacimiento glorioso de todas las canciones.[52]

Según Agosti, "la literatura militante es un agente de transformación de ideas y sentimientos".[53] De allí provenía su preocupación por la cultura, la estética y su interés en procurar que intelectuales y artistas estuvieran envueltos por un "aire de milicia". El PC podía funcionar como el instrumento que los acercaría al proletariado y a su lucha; era el Partido quien organizaba, contenía y dirigía al proletariado por la senda revolucionaria, siguiendo el ejem-

---

50 Ibid., p. 136.
51 Ibid., p. 137.
52 Héctor Agosti, *Defensa del realismo,* ob. cit., p. 188.
53 Héctor Agosti, *Cuaderno de Bitácora,* ob. cit., p. 60.

plo soviético. El intelectual y el artista debían demostrar el coraje necesario para ser parte de una organización revolucionaria, pero también debían demostrar –y, progresivamente, cada vez más– el acatamiento a la disciplina partidaria.

En 1948 surgió un conflicto que resulta ilustrativo de los avatares en la relación entre el PCA y los artistas e intelectuales vinculados a él. Este debate se originó en torno a la incorporación del Informe de Andrei Zdhánov, originariamente proveniente de la conferencia inaugural de la Kominform en la Unión Soviética, que endurecía los parámetros del realismo socialista, mostrando una marcada preocupación por la "penetración ideológica" y las "desviaciones" en las que se incurría en materia de arte.[54] El informe endurecía la política partidaria respecto a las producciones culturales e intelectuales, reforzando al "realismo socialista" y reduciendo los márgenes de la autonomía crítica dentro del Partido, en consonancia con un endurecimiento en las políticas soviéticas de posguerra, por el clima de la Guerra Fría. De acuerdo a la biografía de Horacio Tarcus sobre Cayetano Córdova Iturburu (crítico de arte proveniente del grupo Florida, afiliado al PCA en 1934, director del periódico *Orientación*),

> en agosto de 1948, una prolongada reunión plenaria de intelectuales y artistas plásticos comunistas es el escenario donde se manifiestan dos posiciones enfrentadas: la oficial sostenida por Rodolfo Ghioldi, que promueve la necesidad de adoptar un canon estético realista único para la creación cultural de los artistas comunistas, y la postura encabezada por Córdova Iturburu, de apertura a la vanguardia y a la libertad en la creación. Definiendo el punto de vista del modernismo en un encarnizado debate, que semanas después se continúa en un intercambio de cartas privadas.[55]

En 1949 se produjo la expulsión del PCA de Córdova Iturburu y de gran parte del Grupo Arte Concreto Invención, producto de la discusión antes mencionada. Agosti, en cambio, si bien coincidía en gran medida con las posturas de Cayetano Córdova, no llegó a estas instancias, pues a pesar de las tensiones y desacuerdo, a lo

---

54   Véase Julio Bulacio, *Intelectuales y Partido: Héctor P. Agosti y las políticas y prácticas culturales del PCA, 1950-1959*, s/datos, p. 31; Laura Prado Acosta, "Concepciones culturales en pugna. Repercusiones del inicio de la Guerra Fría, el zdhanovismo y el peronismo en el comunismo argentino", *Nuevo Mundo mundos nuevos* (en línea), 2013, http://nuevomundo.revues.org/64825
55   Horacio Tarcus (dir.), *Diccionario Biográfico*, ob. cit., p. 53.

largo de su recorrido fue adaptándose para no generar una ruptura con la dirección política del partido.

En rasgos generales los escritos y acciones de Agosti se esforzaban por mantener a los artistas dentro de las filas del PCA (distinto a lo que hacía Ghioldi, enfrentándolos y expulsándolos). Una y otra vez defendió la importancia que la cultura tenía para la toma de conciencia y para llegar al socialismo, y procuró incorporar figuras de diversos universos ideológicos, mostrando una actitud abierta en comparación a los estrechos horizontes de los sectores partidarios más ortodoxos. Sin embargo, el dilema estaba allí: "Yo no quisiera tampoco –lo confieso con bastante miedo– que se me tomase como un iluso expositor de ilusorias (sic) recetas tiránicas".[56] Buscando la forma en que los intelectuales pudieran convivir con las normativas políticas, Agosti mantuvo un difícil equilibrio entre su costado intelectual y su identidad como miembro del PC, nunca incentivó las críticas al partido, ni permitió que llegaran demasiado lejos. No cuestionó a la dirigencia política, o por lo menos no lo hizo públicamente, y se mantuvo hasta el final de sus días dentro de sus parámetros.

5. *El desconcierto del 46*

Ya desde su desempeño en el Departamento de Trabajo, Juan Perón desconcertaba con sus medidas tendientes a mejorar las condiciones de vida del proletariado argentino, medidas que continuarían desde la Secretaría de Trabajo y Previsión. Sin embargo, en rasgos generales, la presencia pública de Perón fue identificada por el antifascismo como otra de las acepciones del fascismo local, como un producto residual del golpe de estado de junio de 1943. La actitud pro-obrera de Perón era vista como una estrategia demagógica; su figura seguía siendo –para muchos antifascistas y comunistas– parte del otro "bando". Como vimos, la decisión de los comunistas de participar en la alianza electoral denominada Unión Democrática tuvo que ver con la propia lógica de la estrategia política del PCA. Era coherente con la historia del partido y con el rumbo adoptado por los comunismos europeos. En definitiva, era lo que habían perseguido a lo largo de la última década: conformar

---

56 Héctor Agosti, *Defensa del realismo*, ob. cit., p. 70.

un frente popular democrático para enfrentar en las urnas al que se consideraba el candidato de la reacción.

Resulta ilustrativo del clima vivido luego de la derrota de 1946 lo expresado por el ex socialista, afiliado al PCA desde 1934, Ernesto Giudici, quien había sido secretario del Comité de Ayuda a las Víctimas del Fascismo y autor del libro *Hitler conquista América,* y quien –al calor de las elecciones de febrero de 1946– sostuvo:

> El peronismo es nazismo, y lo es tanto más cuanto más se empeña en disimularlo. Cuanto más extrema su demagogia social, cuanto más se dice radical o laborista, cuanto más insiste en el robo de los símbolos y las tradiciones de los partidos demócratas argentinos, tanto más se revela como el ladrón que ansía el poder para entregarlo a una reducida banda de asaltantes sin escrúpulos.[57]

Por lo tanto, Perón era visto como quien ejercía en las masas la "seducción del aventurero", que mostraba una apariencia atractiva pero era un enemigo que había robado sus consignas, sus propios símbolos. El adversario les ganaba la partida usando sus propias banderas, usando el canal que tanto habían defendido: el democrático. La llegada a la política del peronismo trastocaba los parámetros políticos, los actores, el uso de símbolos y tradiciones. Frente a estos cambios veremos que muy pronto los comunistas revisaron su posicionamiento político, procurando desprenderse de la alianza electoral de la que habían formado parte.

Como vimos, Agosti había aportado esfuerzos para construir una genealogía histórica que acercaba a los comunistas a sectores liberal-democráticos. Consideraba que el triunfo del peronismo era el causante de una crisis ideológica nacional "confusamente contradictoria". En 1947 buscó ofrecer un análisis del nuevo gobierno:

> Admitamos que el enemigo ha tomado nuestras banderas [...], la crisis argentina resulta [...] una crisis de transformación definitiva cuyo tono principal está dado por la puesta en movimiento de las masas. Hacia dónde puedan marchar tales masas es problema que corresponde determinar a los partidos políticos responsables. Pero pienso que esta puesta en movimiento de las masas puede constituir el fermento de una transformación ponderable en la conciencia nacional.[58]

---

57   Ernesto Giúdici, en *Antinazi*, nro. 53, 21 de febrero de 1946, en Andrés Bisso, *El antifascismo argentino...*, ob. cit., p. 249.
58   Héctor Agosti, *Cuaderno de Bitácora*, p. 130.

Para intentar comprender las características del peronismo, Agosti recurría a los esquemas marxistas de la evolución histórica: "La crisis argentina es, en última instancia, un nuevo replanteo de la revolución democrática".[59] Dicha revolución democrática tenía, en el análisis de Agosti, profundos antecedentes y una historia de frustraciones: había sido truncada ya en 1810 y luego en numerosas oportunidades:

> Cada vez que una generación argentina replantea el tema de Mayo en calidad de exégesis de la revolución democrática, no se limita a hacerlo como simple veneración de cadáveres ilustres sino como una acomodación del programa inaugural a las inéditas situaciones de la sociedad. Recordar, en efecto, no es plagiar, sino recomponer las viejas imágenes mediante la incorporación de nuevas vivencias, y si en 1837 esa recomposición del "tempo" democrático se realiza en las vecindades del utopismo socialista, y si en 1918 se verifica en las corrientes del antiimperialismo, ¿qué lugar deberemos asignar a esta nueva recomposición doctrinaria en las condiciones argentinas de 1947? Porque el drama argentino, en definitiva, es el de una revolución democrática que se escapa de las manos populares cada vez que parece estar al alcance de esas mismas manos populares; es el drama de una democracia de apariencias exteriores en la cual resultan las masas sistemáticamente excluidas [...] Si examinamos desde dicho ángulo el tumultuoso acceso de las masas a la política argentina de estos días, acaso consigamos los primeros atisbos explicativos para esta realidad nuestra tan confusamente contradictoria [...] Pienso que habremos de llegar a esa revolución democrática si logramos que la vida pública argentina pueda superar la etapa que va de la demagogia social a la política social de base científica.[60]

Si bien el peronismo era visto por Agosti como una demagogia que llevaba a la "retrogradación cultural", tenía un costado que podía transformarlo en una experiencia política positiva. Este costado era el despertar de las masas a la política, el fin de la indiferencia política. Frente a este fenómeno, era preciso "meditar largamente" y "mirar hacia adelante": la puesta en movimiento de las masas podía ser un "gesto inaugural" para una transformación profunda de la sociedad.

Según Andrés Bisso, el fracaso de la Unión Democrática se debió a que "la herramienta antifascista había cumplido su edad

---

59   Ibid., p. 123.
60   Héctor Agosti, *Cuaderno de Bitácora,* ob. cit., pp. 128-129.

útil, desgastada por el uso constante e intenso al que había sido sometida durante más de una década".[61] Este bagaje argumental antifascista que había servido en momentos difíciles de fraude, estado de sitio y dictadura, y que había constituido una identidad política, demostraba no tener asidero en las masas populares.

En conclusión, consideramos que el estilo político que adoptó Perón no pudo leerse más que como un nuevo coletazo del viejo enemigo fascista. Su triunfo, inesperado, desorientó y trastocó la lógica política reinante. Para muchos antifascistas que se identificaban como tales, el triunfo de Perón era concebido como una trampa, como el producto de un engaño. La lógica con la que pensaban la política –tanto la internacional como la nacional– sufrió una alteración. De todos modos, la imagen de la sociedad dividida en buenos democráticos y reaccionarios fascistizantes perdurará mutando hacia la división entre peronismo y antiperonismo.

---

61 Andrés Bisso, *El antifascismo argentino*, ob. cit., p. 92.

Capítulo IV

Posicionarse frente al peronismo: el Año Echeverriano

Admitamos que el enemigo ha tomado nuestras banderas...
Héctor P. Agosti, 1947

1. Perón y los intelectuales

El fin de la Segunda Guerra Mundial significó la disolución del peligro nazi-fascista a nivel mundial. No obstante, gran parte de los intelectuales argentinos percibió a la figura de Perón como una prolongación local de aquellos regímenes autoritarios y, por lo tanto, la mayoría de los intelectuales pasó de las filas del antifascismo a las del antiperonismo.[1] La relación entre Perón y los intelectuales, durante su primer y segundo mandato, fue compleja y tensa; el rechazo por parte de la intelectualidad a la figura de Perón tuvo su correlato en la desconfianza que éste manifestó por ellos.

Si bien Perón mostró interés en los ámbitos culturales, especialmente en la denominada "cultura popular", utilizando canales como la radio, el cine o los periódicos para lograr construirse una imagen positiva ante las masas populares, y tratando de evitar que éstos fueran ocupados por la oposición, la importancia estratégica y el espacio ocupado por los emprendimientos cultural-politizados que venían conformándose en la órbita antifascista era mucho más restringido; numéricamente menos importantes, carecían de una llegada significativa al público masivo.

En rasgos generales, Perón simplemente no consideraba a los sectores intelectuales como aliados estratégicos significativos;

---

[1] Véase Oscar Terán, *Ideas en el siglo: intelectuales y cultura en el siglo XX latinoamericano*, Siglo XXI, Buenos Aires, 2004, p. 64.

el desdén hacia ellos incluía también a aquellos intelectuales que manifestaban simpatías para con su gobierno, a quienes tampoco les otorgó un lugar destacado en su administración.[2] Perón contaba con el fuerte factor legitimante de haber sido elegido por el voto popular, y por lo tanto, no veía la necesidad de acercarse a esta intelectualidad que, en general, lo rechazaba a rajatabla. A aquellos intelectuales que lo acusaban de fascista, respondía acusándolos de constituir una elite aristocratizante, que no tenía real interés en la clase trabajadora y que por lo tanto representaban un reducto "antipueblo". Progresivamente fue incorporando a sus discursos elementos antiintelectualistas, que se fueron mezclando con las disputas políticas.

Por su parte, el antifascismo repudiaba la concepción de educación que había sido instaurada a raíz del golpe de 1943, especialmente ante la intervención de universidades nacionales y la instauración de la enseñanza religiosa, y también consideraba al peronismo como la continuación del avance de la decadencia en el ámbito educacional, de la "barbarie". Los intelectuales politizados antiperonistas formulaban duras críticas a las restricciones a las libertades públicas, la censura, el control y manejo arbitrario del ámbito universitario. El peronismo fue percibido por la mayoría de la intelectualidad como un régimen primordialmente represivo, equiparando los logros sociales de su gestión con los alcanzados por el fascismo italiano, y considerando a su relación con las masas como pura demagogia. Las masas peronistas eran vistas como la aglutinación de trabajadores "nuevos", provenientes del interior del país que habían sido engañados por un líder carismático, "cabecitas negras" sin conciencia de clase. Una de las enemigas más acérrimas del peronismo, la escritora Victoria Ocampo –quien llegó a pasar una breve temporada en la cárcel del Buen Pastor antes del golpe que derrocó a Perón–, caracterizaba el clima vivido durante el gobierno de Perón como una "cárcel invisible".[3]

De este modo se fue estableciendo, desde el discurso peronista, por un lado, y desde el discurso antifascista, por otro, una distancia creciente entre la elite intelectual y las clases populares. Sin embargo, es conveniente complejizar la mirada sobre la relación entre Perón y los intelectuales. Pues así como encontramos numerosas medidas para debilitar a la intelectualidad antiperonista (o

2 Flavia Fiorucci, *Intelectuales y peronismo*, Biblos, Buenos Aires, 2012.
3 Victoria Ocampo, en *Sur*, citado en Beatriz Sarlo, *La batalla de las ideas*, Ariel, Buenos Aires, 2001, p. 118.

sospechada de serlo), también observamos la subsistencia de múltiples espacios por fuera del Estado, desde donde estos intelectuales siguieron manifestándose.

El gobierno peronista centró sus estrategias de captación en el ámbito de los medios masivos de comunicación, como el cine y la radio, y también en los espacios que dependieran del Estado. Fueron severas, por ejemplo, las medidas tomadas respecto a las universidades nacionales. Numerosos profesores fueron excluidos, expulsados, o renunciaron.[4] Sin embargo, este tipo de medidas tenían el efecto de cohesionar a aquellos excluidos en otros ámbitos y actividades que seguían funcionando por fuera del control gubernamental. Existieron muchos espacios donde los intelectuales opositores pudieron continuar con sus prácticas: editoriales, librerías y revistas dirigidas por antiperonistas siguieron funcionando a pesar de la censura. Flavia Fiorucci considera que existía una especie de "acuerdo tácito" entre Perón y los intelectuales, cruzado por sucesivas tensiones y replanteos.[5] Estos "circuitos", centrados sobre todo en la industria editorial y en instituciones educativas privadas, permitían continuar con las actividades académicas y a su vez generaban empleos para aquellos intelectuales que habían sido alejados de sus antiguos puestos de trabajo. Estos circuitos y su funcionamiento afectado por los vaivenes represivos del Estado no eran nuevos. Se habían forjado, en general, durante el clima antifascista.

Para reconstruir los distintos momentos de este "acuerdo" de convivencia, resulta útil el ejemplo del CLES. El Colegio Libre de Estudios Superiores fue parte de estos circuitos que siguieron funcionando –tanto durante la fluctuante década del treinta como durante el peronismo–, pero reflejando el derrotero de un espacio que nos permitirá observar los avatares y los distintos momentos de la relación entre los intelectuales y el peronismo. El CLES y su revista *Cursos y Conferencias*, creados en 1930, constituían un espacio académico no estatal, cuyos integrantes provenían fundamentalmente de la tradición liberal y socialista, aunque también habían participado en sus actividades intelectuales de filiación comunistas como Aníbal Ponce. La institución y muchos de sus miembros más destacados participaron activamente en la lucha antifascista, si-

---

4 Véase Federico Neiburg, *Los intelectuales y la invención del peronismo*, Alianza, Buenos Aires, 1998, p. 166.
5 Véase Flavia Fiorucci, "¿Aliados o enemigos? Los intelectuales en los gobiernos de Vargas y Perón", en *Estudios Interdisciplinarios de América Latina y el Caribe*, Universidad de Tel Aviv, julio-diciembre de 2004, p. 1.

guiendo con preocupación los acontecimientos en torno a la Segunda Guerra Mundial. Asimismo asumieron compromisos políticos referidos a asuntos locales, al manifestarse –por ejemplo– en contra del golpe de estado de junio de 1943, aduciendo que eran manifiestas las simpatías de aquel gobierno para con el Eje; crítica que les costó una temporada de clausura. La figura del general Perón también fue percibida por ellos como parte del fascismo autóctono.

Ante lo que consideraban la continuidad del fenómeno fascista en la Argentina, los miembros del CLES –en consonancia con la actitud tomada por el conjunto del antifascismo– no dudaron en apoyar la opción política que se opuso a Perón en 1946. Para ello, reforzaron su compromiso político hacia los valores "democráticos", viéndose a sí mismos como una "auténtica milicia de intelectuales". Pero el sistema democrático les dio la espalda con el triunfo de Perón en las elecciones, lo que generó en sus filas desconcierto y desilusión con respecto a la política. Una vez que Perón comenzó a gobernar, si bien siguieron funcionando como institución educativa, dejaron de participar activamente en emprendimientos políticos. Sin embargo siguió siendo un espacio de la oposición. Fue por eso que en 1952 el gobierno expropió al CLES su local de Bahía Blanca para instalar allí una sede de la CGT, y también se les empezaron a negar las autorizaciones de la Oficina de Reuniones Públicas de la Policía Federal, que eran el requisito gubernamental para mantenerse en funcionamiento; asimismo, la policía suspendió la revista *Cursos y Conferencias* que publicaba la institución.[6]

A medida que el régimen peronista fortaleció su dominio estatal, y los ataques de la oposición se tornaban más tangibles, las tensiones en lo referente al "acuerdo tácito" se fueron incrementando y endureciendo. Para 1950 el peronismo había logrado controlar prácticamente todos los mecanismos institucionales de poder; tanto la Corte Suprema de Justicia como el Congreso le eran leales, y el dominio sobre el movimiento obrero y los sindicatos era prácticamente total.[7] La profundización del poder de Perón se evidenció en una multiplicidad de aspectos. Los cambios en el Ministerio de Educación parecían obedecer a la intención de fortalecer la lealtad de la población hacia el Estado, a través del "adoctrinamiento político".[8]

[6] Véase Federico Neiburg, ob. cit., p. 175.
[7] Véase Juan Carlos Torre, *La vieja guardia sindical y Perón. Sobre los orígenes del peronismo*, Sudamericana, Buenos Aires, 1990.
[8] Véase Mariano Plotkin, *Mañana es San Perón: propaganda, rituales políticos y educación en el régimen peronista (1946-1955)*, Ariel, Buenos Aires, 1994, pp.

También se conformó una comisión parlamentaria conocida como Comisión Visca-Decker, presidida por el diputado José E. Visca, cuya función sería investigar las "actividades antiargentinas", desde donde se emprendieron acciones para clausurar periódicos opositores. Se aprobó una reforma al Código Penal, que aumentó las penas por desacato a la dignidad de los funcionarios públicos; hubo numerosos fallos condenatorios de este estilo, que eran vividos como actos de persecución política.[9] Por aquellos años, por ejemplo, se acusó a Ricardo Balbín –figura destacada de la oposición radical– de proferir injurias hacia el presidente Perón. La denuncia causó la suspensión del legislador, quien aun así reiteró las manifestaciones injuriosas, que terminaron en una condena a cinco años de prisión. Sus defensores, los diputados Arturo Frondizi y Amílcar Mercader, impugnaron la condena, pero de todos modos Balbín pasó un período –menor a un año– en la cárcel de Olmos.

La tensión política se vio agravada por el intento de golpe de estado de 1951, llevado a cabo por el general Benjamín Menéndez, que demostraba al peronismo que sus temores no eran infundados. Ante el riesgo, Perón incrementó las medidas para controlar a la oposición. La dinámica del conflicto profundizaba el recurso a la vieja lógica dicotómica para entender la política, esta vez entre los bandos peronista y antiperonista. En este contexto, la creciente desconfianza hacia los intelectuales fue determinada no tanto por su condición de intelectuales en sí, sino más bien por su condición de antiperonistas.

Según el análisis realizado por Silvia Sigal y Eliseo Verón sobre los fundamentos del peronismo, en sus discursos Perón dividía a la Argentina en "pueblo" –peronista– y "antipueblo" –"vendepatria", antiperonista–:

> Perón consigue así *despojar a sus enemigos de toda substancia: estos se definirán de un modo puramente negativo*. Y desde el punto de vista del peronismo, estar contra Perón es, simplemente, estar contra la Patria misma. Éste es un aspecto central de lo que hemos llamado el *vaciamiento del campo político*.[10]

160-162.
9 Héctor José Tanzi, "La Corte Suprema de Justicia ante un régimen autoritario Investigación del período comprendido entre 1946-1955", presentado ante el VI Congreso Nacional de Ciencia Política, Universidad Nacional de Rosario, noviembre de 2003, p. 21, consultado en http://www.saap.org.ar (21 de abril de 2008).
10 Silvia Sigal y Eliseo Verón, *Perón o muerte*, Legasa, Buenos Aires, 1986, p. 63 (*itálicas* en el original).

Sigal y Verón consideraron que esta estrategia discursiva de Perón "vaciaba" el campo político, diluyendo las posiciones ideológicas, pues quedaban subsumidas al apoyo, o no, hacia el líder. De igual modo que su antecedente antifascista, el posicionamiento político se definía en relación con el enfrentamiento al enemigo, como respuesta a una amenaza. Esta división del campo político se ajustaba más a los recorridos del socialismo y a sectores del radicalismo, quienes mantuvieron tenazmente su oposición ideológica hacia el peronismo. En el caso de los comunistas, veremos un recorrido errático, marcado por oscilaciones y contradicciones, acercamientos y distanciamientos, que por un lado profundizaron aún más el rechazo de sus −hasta entonces− aliados en el antifascismo, y por otro, no lograron una vía de contacto con las masas peronistas.

2. La incomodidad de los comunistas

Desde 1943, la creciente influencia que ejercía el general Juan Perón desde la Secretaría de Trabajo y Previsión fue vista por la dirigencia comunista con desconfianza, pero las opiniones se dividían ante los logros y mejoras concretas que Perón ofrecía. Los comunistas habían logrado hasta entonces ocupar un lugar destacado dentro del movimiento sindical y contaban con un espacio en los ámbitos de la clase obrera.[11] Los diagnósticos que la dirigencia comunista ofrecía sobre el peronismo, previamente a las elecciones de febrero de 1946, estaban marcados por el optimismo en referencia a su participación en la Unión Democrática. Incluso luego del 17 de octubre de 1945, Victorio Codovilla aún consideraba que los peronistas eran una "ínfima minoría", pero que ocupaban posiciones decisivas, y que el problema de la oposición estaba en la insuficiente unidad de las fuerzas democráticas y progresistas; y en aquel contexto publicaba el folleto *Batir el naziperonismo*.[12]

Sin embargo, el PCA ocupó una posición subalterna en la ecléctica coalición que reunió a sectores provenientes de la Unión Cívica Radical, el Partido Socialista, el Partido Demócrata Progresista y los conservadores, y que tuvo el apoyo de la Unión Industrial, la Sociedad Rural e incluso del diplomático estadounidense,

---

11 Véase Hernán Camarero, ob. cit., y Juan Carlos Torre, ob. cit.
12 Véase Carlos Altamirano, *Peronismo y cultura de izquierda,* Temas Grupo Editorial, Buenos Aires, 2001, p. 18.

Spruille Braden. La inclusión en la alianza de sectores que eran considerados históricamente como enemigos del Partido constituía un problema que –si bien no se discutía de manera abierta– explica la incomodidad del comunismo en su participación en la alianza; incomodidad que se agravará una vez que se evidencie que las masas trabajadoras se manifestaban peronistas.

Ante la derrota de la Unión Democrática, el PCA rápidamente renovó su evaluación sobre el peronismo, y pasó a considerarlo un movimiento popular. Luego de las elecciones de 1946, pronto desapareció de su lenguaje el término "nazi-peronismo" y se redefinieron los objetivos del Partido, entre los que se priorizó el lograr una "revolución democrático-burguesa". Según Agosti, el país no debía pasar por alto las sucesivas etapas de su desarrollo histórico, y el problema de la Argentina era, en definitiva, los sucesivos fracasos para lograr perpetuar una revolución democrática burguesa: "Un pueblo no puede saltearse impunemente ciertas etapas históricas".[13] En este sentido, para los comunistas el peronismo podía constituir una vía para lograr superar el carácter "semifeudal" de la estructura económica argentina. La crisis que vivía el país no era más que otro replanteo de la revolución democrática, cuyos vaivenes y sucesivos fracasos provenían ya de 1810. Como vimos, a partir de este diagnóstico Agosti intentaba entender las características del nuevo régimen peronista, considerando que su novedad estaba en el "tumultuoso acceso de las masas a la política argentina".[14]

En términos de la política partidaria, la preocupación central era no perder el vínculo con las masas. Tanto el comunismo como el peronismo apuntaban a consolidarse como interlocutores y representantes de la clase obrera, sólo que ahora los resultados electorales hablaban y los comunistas admitían la necesidad de no darle la espalda al voto popular. Incluso antes de la asunción del nuevo presidente se adoptó una posición estratégica nueva. Pronto se tomó una posición de "apoyo crítico e independiente" al gobierno peronista.[15] Básicamente, la propuesta táctica era brindar apoyo a las medidas consideradas positivas para el pueblo y rechazar las medidas consideradas negativas, represivas o autoritarias, evitando así caer en la oposición sistemática.

En el XI Congreso del PC argentino de 1946, se decidió proseguir la lucha uniéndose con "todos los obreros". Victorio Codo-

13 Héctor Agosti, *Cuaderno de Bitácora*, ob. cit., p. 119.
14 Ibid., p. 129.
15 Véase Oscar Arévalo, *El Partido Comunista*, CEAL, Buenos Aires, 1983.

villa priorizó la necesidad de tener en cuenta el estado de ánimo revolucionario de las masas y propuso para ello formar un "Frente de Liberación Nacional y Social del Pueblo Argentino".[16] La importancia de "unirse" a lo que las masas habían elegido se justificaba en su discurso desde el punto de vista "científico", es decir, desde la teoría marxista leninista, que instaba –según Codovilla– a hacer todo "con las masas y no sin las masas o contra las masas".[17] Pero también puede comprenderse a partir del contexto internacional, ya que finalizada la Segunda Guerra Mundial, la Unión Soviética iba dejando de ser la aliada poderosa que había puesto el cuerpo de su pueblo para derrotar a los nazis, y progresivamente se sumergía en lo que fue un largo conflicto con Estados Unidos: la Guerra Fría. Por lo tanto, si bien los restos del fascismo debían ser combatidos, el nuevo enemigo estratégico era el "imperialismo yanqui", encontrando en este punto una vía de acercamiento con el peronismo. En el mismo Congreso se decidió "luchar contra el plan del imperialismo y sus proyectos para la represión de los movimientos populares y el avasallamiento de las soberanías nacionales", y también que se tuvieran en cuenta las problemáticas agraria y antiimperialista.[18]

De todas maneras, el PC no adoptó una línea definida respecto al peronismo; apoyar lo bueno y rechazar lo malo era una posición demasiado débil e imprecisa en términos políticos. Este "apoyo a medias" se debió a que otro de sus objetivos centrales era preservar la independencia política del Partido, pues seguían considerándose los legítimos representantes de la clase obrera, su partido de vanguardia. Se produjeron sucesivos virajes políticos, acercamientos, vueltas atrás; frentes y alianzas que fueron retomados y abandonados dependiendo de las circunstancias. En este sentido, en el plano sindical fue adoptada una medida paradójica: se "evaluó la situación y aconsejó a los militantes comunistas que estaban al frente de diversos sindicatos –construcción, alimentación, textiles, vestido, madera, etc.– disolver los mismos e ingresar en las organizaciones que estaban reconocidas".[19] Dirigentes y militantes fueron instados a ingresar a los sindicatos paralelos peronistas –reconocidos oficialmente por el gobierno– de manera individual, no como parte del PC. Esta medida tenía como objetivo el acercamiento a los trabajadores peronistas, procurando entremezclarse con ellos y

16 Ibid., p. 74.
17 Victorio Codovilla, en Oscar Arévalo, ob. cit., p. 89.
18 Oscar Arévalo, ob. cit., p. 72.
19 Oscar Arévalo, ob. cit., p. 81.

evitar el enfrentamiento con los sindicatos apoyados por el gobierno; sin embargo, el alto costo que tuvo la medida no se reflejó en resultados evidentes.

Dentro del seno del PC se manifestaron posiciones encontradas con respecto a la definición de la naturaleza del peronismo y a la actitud a adoptar frente al mismo. Muchos comunistas se oponían a la colaboración con los peronistas en consonancia con la postura antifascista sostenida hasta entonces. Contrastaban los buenos resultados que habían obtenido durante la adopción de la estrategia de frentes populares, considerando que ésa era la postura más coherente con su tradición partidaria. Y temían de la manipulación que podían sufrir por parte del poderoso primer mandatario.

Por otra parte, muchos sectores consideraban que la adopción de los frentes populares los había terminado posicionando en el mismo bando que los sectores históricamente antiproletarios, y que el acercamiento al peronismo podía mantenerlos en contacto con las masas. Sin embargo, aquellos que mostraran simpatía por el peronismo debían mantenerse dentro de determinados límites. Estos límites eran difíciles de estipular o de definir, pero eran muy reales y podían causar la expulsión de aquellos cuyo apoyo al nuevo presidente fuera demasiado lejos, a ojos de la dirigencia política del PC argentino.

En este sentido, sirven como ejemplos los casos de Rodolfo Puiggrós y la célula ferroviaria –expulsados en 1947 debido a su manifiesta simpatía con el nuevo régimen– y el "caso Real", cuando en 1952 el Secretario de organización del PC, Juan José Real, se lanzó a la búsqueda de la unidad con el peronismo. Esta búsqueda de aproximación se manifestó, por ejemplo, en el abandono de ciertos espacios que compartían con la intelectualidad liberal, como la FUBA y el CLES. El viraje duró sólo unos meses, hasta la vuelta al país de Victorio Codovilla, que se encontraba en la Unión Soviética. Entonces Codovilla convocó a una reunión partidaria en la que se acusó a Real de "deslealtad" y "desviación nacionalista", y luego fue expulsado.[20]

Por las características del funcionamiento del PC, estas discusiones solían mantenerse en el interior del Partido y se respetaba la línea que trazaba la dirigencia política. Pero, como vimos, en

---

20 Véase Laura Prado Acosta, "Concepciones culturales en pugna. Repercusiones del inicio de la Guerra Fría, el zhdanovismo y el peronismo en el Partido Comunista argentino", en *Nuevo Mundo Mundos Nuevos*, febrero de 2013, http://nuevomundo.revues.org/64825.

ocasiones la tensión se hacía pública. Un acercamiento demasiado marcado o la tentativa de cuestionar lo que la dirigencia proponía podía provocar la expulsión de miembros de mucho peso en la organización partidaria, como fueron Rodolfo Puiggrós y Juan José Real.[21]

Sin ir más lejos, el libro *Echeverría*, de Héctor Agosti, estuvo cruzado por esta contradicción en relación con el peronismo. Haciendo uso de analogías históricas para dar cuenta de las problemáticas por las que transitaba el país, Agosti emprendió, nuevamente, un análisis del itinerario de Esteban Echeverría y de la historia argentina decimonónica, en el que nos encontramos tanto con una crítica a la demagogia de Rosas –y por carácter transitivo a Perón– como con marcados recaudos sobre las alianzas formadas contra un enemigo común, en tanto implicaban el riesgo de terminar en "chantajes políticos". Esta postura reflejaba en parte el desencanto que había provocado entre los comunistas el fracaso electoral de la Unión Democrática y la búsqueda de un camino frente a las nuevas condiciones políticas.

Es evidente que, en este contexto, quedaron en una posición incómoda, oscilando entre los intentos fallidos de mantener las confluencias con sus antiguos compañeros antifascistas y los guiños o acercamientos al peronismo, que daban pobres resultados. No obtuvieron una aceptación –más que de manera instrumental– por parte de Perón, quien no los consideraba aliados relevantes, y mantenía cierta desconfianza hacia ellos. Ésta fue la paradoja que marcó el derrotero político del comunismo argentino de allí en adelante.

3. Año Echeverriano

Como vimos, la identificación de Perón con los regímenes autoritarios derrotados en la Segunda Guerra Mundial operó como un factor aglutinante para la intelectualidad argentina, e impulsó la realización de algunos emprendimientos destinados a congregar a esta oposición, para combatirlo desde el campo cultural, especialmente a partir de 1950. En este sentido, uno de los ámbitos de

---

[21] También en el socialismo hubo problemas con aquellos que se acercaban demasiado al peronismo, como por ejemplo Emilio y Enrique Dickman, quienes en 1952 se reunieron con el primer mandatario y fueron expulsados del PS (véase Horacio Tarcus (dir.), ob. cit., p. 190).

resistencia que se destacó fue la celebración del centenario de la muerte de Esteban Echeverría en 1951, conmemoración que José Aricó calificó como una respuesta "desafiante" contra el régimen peronista.[22]

Una de las características más destacadas del peronismo fue el interés que mostró por apropiarse de elementos simbólicos e históricos para lograr generar una identificación profunda y consistente entre las masas y sus líderes, Perón y Eva. La época peronista fue un "momento de apoteosis en el uso del pasado en discursos políticos, las alusiones históricas y conmemoraciones patrióticas toman un tono exacerbado, ritual".[23] Este "combate de orden simbólico" se plasmó en algunos episodios que iluminan la naturaleza del debate.[24] Un ejemplo de ello fue la celebración del año sanmartiniano, en tanto constituyó una oportunidad para el presidente Perón de abastecerse de una fuente de legitimidad, al asociar su figura con la del Libertador. En 1950 el gobierno peronista puso mucho énfasis en la celebración del centenario de la muerte del Gral. San Martín; Eva Perón inició los preparativos, organizó una celebración masiva y mediática, en la que Perón lanzó su campaña para la reelección presidencial. Estas celebraciones coincidían con el creciente endurecimiento de las medidas del gobierno contra la oposición (por ejemplo, el periódico *La República* de Rosario fue clausurado con el argumento de que en una de sus ediciones no había incluido la leyenda "Año del Libertador General San Martín", impuesta por ley).[25]

Como vimos, la oposición al peronismo veía en la utilización de símbolos y tradiciones –que consideraban propias– un agravio, un robo. Los comunistas, por su parte, también mostraban resquemores ante el uso peronista de la simbología nacional. En el periódico *Nuestra Palabra*, por ejemplo, en referencia a la postura de Perón ante la Guerra de Corea, sostenían que "el General Perón ofrece toda clase de ayuda a estos invasores contra los coreanos. ¡Así se injuria al Gran Capitán en el centenario de su muerte!",[26] mostrando de este modo la ofensa que significaba la apropiación de una figura respetada unánimemente como San Martín. El uso del

22 José Aricó, *La cola del Diablo*, Siglo XXI, Buenos Aires, 2005.
23 Diana Quattrocchi Woisson, *Los males de la memoria*, Emecé, Buenos Aires, 1995, p. 225.
24 Beatriz Sarlo, *La batalla...*, ob. cit., p. 19.
25 Héctor José Tanzi, ob. cit., p. 21.
26 *Nuestra Palabra*, año I, 1 de agosto de 1950, p. 7.

pasado como herramienta de crítica –por analogía con el presente– se reforzaba al candor de la creciente tensión política. En este sentido, la identificación de los intelectuales antiperonistas con la Generación del 37 les sirvió como un modelo de elite intelectual que había sido exitoso al oponerse a una "tiranía". La identificación con otras generaciones históricas les servía como un soporte legitimante para la lucha política.

Fue en este contexto que se organizó la conmemoración del centenario de la muerte de Esteban Echeverría. Si bien en un primer momento no fue autorizada por el gobierno, de todas maneras el 19 de febrero de 1951 se realizó una manifestación de evocación en el Parque Tres de Febrero. El mismo año también se llevó a cabo la celebración del 1 de Mayo, y al año siguiente, el centenario de la Batalla de Caseros, conmemorando la caída del régimen de Rosas (nuevamente identificado con la "tiranía" peronista).

La *Comisión de Homenajes a Esteban Echeverría* fue conformada por intelectuales de diversas extracciones: presidida por Carlos Alberto Erro, sus vicepresidentes fueron Jorge Furt y Julio Aramburu; Héctor Agosti ofició de secretario; asimismo, participaron figuras como María Rosa Oliver, Max Dickmann, Roberto Giusti, Raúl Soldi, Arturo Capdevila, etc. A raíz de aquella celebración se editaron numerosos libros de diversos autores, entre los que se destacan Carlos A. Erro, Alfredo Palacios, Benito Marianetti, José Barreiro, Tulio Halperin Donghi y Héctor Agosti. Además se publicó la *Cartilla Echeverriana*, editada por la propia Comisión, que tenía por objeto difundir, a través del formato de folleto, la biografía de Echeverría y extractos de su obra que la Comisión consideraba significativos.[27] En aquella cartilla también se transcribió el discurso ofrecido por Erro en el Parque Tres de Febrero, en el que se percibe cierto descontento ante las restricciones que el gobierno les habría impuesto ("hubiéramos querido ir hasta el sepulcro"), y se hacía hincapié en que la ocasión propiciaba un llamado a "meditar sobre el destino del país en esta tremenda hora del mundo".[28]

Como respuesta a este "desafío" al peronismo, desde el *Instituto Juan Manuel de Rosas* –ámbito del revisionismo histórico–, el joven diputado peronista John William Cooke ofreció una "conferencia dirigida contra Echeverría y contra los que honraban su

---

27 *Cartilla Echeverriana*, editada por la Comisión de Homenaje a Esteban Echeverría, Buenos Aires, 1951.
28 *Cartilla Echeverriana*, ob. cit., p. 9.

memoria".[29] Si bien Cooke había sido parte de *Acción Argentina* y por ende provenía, también él, de las filas antifascistas, ahora elegía la defensa del peronismo –en tanto movimiento nacional y popular– y criticaba a los seguidores de Echeverría por los aspectos europeizantes y antidemocráticos de sus discursos. Como veremos, estas críticas también se encuentran en la posición de Agosti de aquel entonces. En el banquete celebratorio por la aparición de su libro *Echeverría*, el autor remarcó sus distancias con el revisionismo histórico, por su pretensión de acaparar el discurso nacional y popular. Buscaba disputar dichos conceptos, llamando a retornar "a esa dirección nacional y popular de la cultura que constituye el fundamento de la doctrina echeverriana".[30]

Durante la conmemoración del "centenario echeverriano", los intelectuales liberal-democráticos aceptaron la presencia comunista con beneplácito, lo que se explicaba en gran medida por la historia compartida durante la militancia antifascista y porque se priorizaban las coincidencias en torno a una percepción de la historia nacional, que recogía la tradición democrático-burguesa.[31] Sin embargo, como veremos a continuación, las incompatibilidades también perduraron.

4. El Echeverría de Agosti

Para 1951, Héctor Agosti había ido ganando cierto espacio y reconocimiento en el campo cultural argentino. Había escrito hasta entonces en numerosos periódicos y revistas, publicado varios libros de diversos temas, y dirigía la revista *Cuadernos de Cultura*. Asimismo, fue aumentando su presencia como organizador cultural del PCA, participando y progresivamente dirigiendo numerosos emprendimientos culturales, hasta llegar a ser su Secretario de Cultura. Sin ser una figura sobresaliente en el ámbito intelectual, era reconocido por sus pares extrapartidarios y contaba con el beneplácito de las filas del PC.

---

29   Diana Quattrocchi Woisson, *Los males...*, ob. cit., p. 291.
30   Héctor Agosti, "Sustancia actual de Echeverría" (discurso pronunciado el 4 de abril de 1952), en *Para una política de la cultura*, Procyón, Buenos Aires, 1956, p. 142.
31   Véase José Aricó, *La cola del Diablo*, ob. cit., y Tulio Halperin Donghi, *La Argentina y la tormenta del mundo*, ob. cit.

Su participación en la celebración del centenario "echeverriano" sirve como ejemplo de la aceptación que Agosti tenía por parte de la intelectualidad liberal-democrática. Simultáneamente, publicó sobre Esteban Echeverría, primero un artículo en la revista *Cuadernos de Cultura,* en mayo de 1951, intitulado "La teoría de la Revolución en Echeverría",[32] y luego el libro *Echeverría.*

En el artículo, priorizó el análisis de aspectos teóricos de la obra de Echeverría, recuperando por ejemplo su definición de "revolución" y otros conceptos formulados en *El Dogma Socialista* y en *Ojeada Retrospectiva,* que le servían para incorporarlo en una tradición teórica de la que los comunistas se percibían como continuadores. Veremos que en su libro *Echeverría,* publicado en septiembre de 1951, encontramos, además de las recuperaciones y debates teóricos, una mirada y una interpretación particular de la crisis que vivía la Argentina en el cenit del peronismo.

4.1 Una lectura de la crisis

El libro *Echeverría* fue formulado como un ensayo sobre la obra del escritor decimonónico, que tenía también la intención de proveer una interpretación del momento que vivía la Argentina en 1951. Este momento era percibido por Agosti como una crisis, ante la cual intentaba una explicación de lo que significaba el peronismo, utilizando para ello las analogías históricas (en parte por temor de la acción de la censura).[33] Dentro de este contexto, la posición de Héctor Agosti nos ofrece un punto de vista particular. Si bien percibía al peronismo como un fenómeno demagógico y autoritario, al que se oponía y criticaba, la lectura de *Echeverría* muestra que su mayor preocupación pasaba por advertir sobre el peligro que implicaba comprometerse en una alianza antiperonista ecléctica.

De acuerdo a sus argumentos existían dos tipos de actitudes políticas: el "realismo de conducta" y el "realismo de doctrina". La primera caracterizaba a los regímenes que obraban a través de sus jefes carismáticos, que utilizaban apariencias plebeyas y revolu-

---

32 Héctor Agosti, "La teoría de la Revolución en Echeverría", en *Cuadernos de Cultura,* año 1, nro. 3, mayo de 1951.

33 En la nota a la segunda edición del libro *Cuadernos de Bitácora,* Agosti relataba que la primera edición de este libro, aparecida en 1949, estuvo secuestrada por la policía y que la editorial había sido clausurada.

cionarias, pero que en realidad torcían el "rumbo histórico" de las masas, distorsionando sus ambiciones e impulsos. Si bien las masas podían ser manipuladas por un régimen de "cesarismo retrógrado", en Agosti prevalecía la confianza en que, a pesar de las desviaciones ejercidas por líderes demagogos, el pueblo seguía un "curso histórico" que lo llevaría finalmente a tomar conciencia de sus intereses y, eventualmente, al socialismo. Esta postura le permitía ver, no con temor sino con optimismo, el transcurso de los jefes carismáticos a través de la historia argentina, porque éstos en realidad "ejercitan la paradójica misión de estimular el paso posterior de las masas a formas superiores de organización política".[34] El objetivo sería superar la etapa de realismo de conducta (demagogo) para instaurar el "realismo de doctrina", es decir, la actitud política que –a ojos de Agosti– el comunismo defendía.

Para Agosti la experiencia "populista", que en todo caso terminaría por concientizar a esas masas de su potencial revolucionario, parecía menos peligrosa que el participar *acríticamente* en las fuerzas opositoras a "la tiranía". Su rescate de la figura de Echeverría no se debía sólo a su oposición a Rosas, sino por ser el propio Echeverría "el testimonio de una ruptura con la posición liberal pura", y porque condenó las conciliaciones eclécticas;[35] porque vio en su tiempo –como Agosti procuraba ver en el suyo– que no había que dejarse llevar por el "chantaje político" de quienes planteaban que no comulgar con las fuerzas de la oposición significaba absolver –aunque fuera de manera indirecta– a la tiranía.

Volviendo a recurrir a las analogías históricas, Agosti traía a la memoria el "drama histórico argentino" del enfrentamiento entre unitarios y federales: por un lado, los federales y Rosas, representantes de la contrarrevolución y la restauración semicolonial; y por otro, los unitarios, de los que Agosti también procuraba despegarse, pues consideraba que también ellos eran una solución con miras al pasado: sólo "revolucionarios en apariencia", que se posicionaban como "única fuerza opositora", generando un "chantaje político" de "actualidad vivísima".[36]

La alusión al peligro que Agosti planteaba en relación con una alianza antiperonista demasiado heterogénea aparece más explícitamente cuando, refiriéndose a la conmemoración del Año Echeverriano de 1951, advirtió:

34 Héctor Agosti, *Echeverría*, ob. cit., p. 26.
35 Ibid., p. 110.
36 Ibid., p. 44.

Ante la crisis actual Echeverría es una bandera adecuada, un modelo de mirada realista y revolucionaria. Pero bajo esa bandera se cobijan muchos responsables del curso presente de la contrarrevolución.[37]

En referencia a su presente, Agosti afirmó: "se nos quiere incluir en actividades negativas de retorno para sustituir con ella la fertilidad de un programa positivo que mire el porvenir".[38] Aquí vemos su esfuerzo por distanciarse de las alianzas antiperonistas y encontrar una posición diferente o alternativa para los comunistas, ya que, según él, este indefinido sector liberal era el verdadero responsable de la crisis que vivían. Esta postura lo llevó muy pronto a enfrentarse con sus compañeros de la Comisión de Homenajes. En noviembre de 1951 se produjo una discusión entre Carlos Erro (presidente) y Agosti (secretario) por cuestiones referidas a la orientación que debía adoptar el movimiento y a su actitud frente al peronismo; estas diferencias llevaron a su disolución. Erro anunció su intención de formar un partido que se opusiera a todos los totalitarismos, de izquierda y derecha; se fundó entonces una nueva agrupación en la que predominaban los intelectuales de filiación liberal: ASCUA (Asociación Cultural Argentina para Defensa y Superación de Mayo). Como respuesta a este emprendimiento, Agosti –que era por entonces responsable del Frente Cultural partidario–, junto a Rodolfo Ghioldi, impulsó la creación de "Casa de la Cultura".[39] En 1952, coincidiendo con el año en el que se produjo el ya mencionado "Caso Real" (en el que el PCA impulsaba un acercamiento al peronismo), los comunistas también se desvincularon de la SADE (Sociedad Argentina de Escritores) y de CLES.

4.2 *El desquicio revolucionario*

El segundo motivo por el que Agosti se proponía recuperar la figura del escritor decimonónico Esteban Echeverría era porque lo considera el creador de una doctrina revolucionaria argentina, de "revolución total". En este sentido, *El dogma socialista* era un modelo que –de haber sido implantado como guía de las elites gobernantes del siglo XIX– podría haber logrado el desprendimiento

37 Ibid., p. 153.
38 Ibid., p. 31.
39 Julio Bulacio, ob. cit., p. 47.

definitivo de la herencia hispánica contrarrevolucionaria. El punto clave del interés de Agosti pasaba por un elemento de la obra de Echeverría, que él consideraba ignorado por la historiografía tradicional y por los revisionistas. Este elemento era su definición de revolución como "desquicio completo de un orden social antiguo", que llegaría a producir un cambio cultural y de conciencia en los hombres, para así lograr una revolución "verdadera".[40]

Al respecto, Agosti argumentó que había sido la debilidad –o la traición– de la burguesía argentina lo que no había permitido concretar la "revolución democrática-burguesa". Esa falla de la burguesía había llevado a que se apropiaran de la política y de las masas otros sectores "menos avanzados": los caudillos. En definitiva, había sido la incapacidad de la burguesía la que había causado el triunfo de "los aduladores de la multitud". El esquema que ofrecía Agosti parece obedecer a su intención de atribuir la responsabilidad histórica a la clase burguesa en el pasado, pero también en su presente, probablemente con el objetivo político de posicionar al PC como una opción alternativa y revolucionaria, para encontrar una salida a una situación política que parecía obturada.

Por lo tanto, su interpretación de la historia le servía para mostrar que fue como consecuencia del fracaso de la burguesía liberal que se dieron las condiciones de posibilidad del ascenso de jefes carismáticos de carácter retrogrado, aunque el éxito que estos líderes tenían debía complementarse con sus capacidades para manipular al "populacho". Frente a esta situación, Agosti consideraba que la vía política correcta era la de integrarse con el pueblo. De hecho, allí encontraba el "error fundamental" de Echeverría: en el temor con el que se posicionó ante las masas operantes. De este modo, coincidía con las críticas que, desde el revisionismo histórico, le formulaban a Echeverría.

Agosti procuró distanciarse del intelectual decimonónico en lo que refería a su posición frente a las masas, al considerar que, si bien el *Dogma* planteaba la necesidad de la incorporación del pueblo –especialmente de los sectores rurales– a la vida política, la experiencia rosista había llevado a Echeverría a adoptar una postura temerosa (y errónea, a ojos de Agosti) en lo que respecta al accionar de las masas, y a proponer finalmente una democracia basada en el voto restringido por la propiedad. Si bien, en la teoría, Echeverría tenía clara la importancia del pueblo como elemento revolucio-

40 Héctor Agosti, *Echeverría*, ob. cit., p. 73.

nario, Agosti sostenía que había en él "sin duda una equivocación notable, un testimonio de cómo alcanzan a prevalecer en su ánimo algunos de los prejuicios aristocratizantes del pasado",[41] y en este punto enfatizaba las diferencias.

En definitiva, esta argumentación esbozada en *Echeverría* adoptaba una dirección que se desplegaría con mayor firmeza y claridad en dos libros que se publicaron casi simultáneamente en 1959: *El mito liberal* y *Nación y cultura*.[42] Allí Agosti planteó tanto una relectura del peronismo como un reposicionamiento ante el liberalismo. Como señaló Oscar Terán, "el fenómeno peronista operó sobre la franja crítica efectos de recolocación de vastas consecuencias, dentro de un complejo movimiento que llevó desde la 'natural' oposición mientras el peronismo estuvo en el gobierno hasta un encarnizado proceso de relectura del mismo a partir de su derrocamiento".[43] En este sentido, la obra de Agosti jugó un papel relevante en lo que concernía al pensamiento de izquierda: desafió las lecturas tradicionales que "satanizaban" al peronismo, estimulando una renovación teórica y organizando espacios para el debate.

---

41 Héctor Agosti, *Echeverría*, ob. cit., p. 26.
42 Héctor Agosti, *El Mito Liberal* y *Nación y Cultura*, ambos editados por Procyón, Buenos Aires, 1959.
43 Oscar Terán, *Nuestros años sesentas. La formación de la nueva izquierda intelectual en la Argentina 1956-1966*, Puntosur, Buenos Aires, 1991, p. 33.

Capítulo V
Relecturas del peronismo a la luz de los conceptos gramscianos

1. *Usos disputados*

El libro *Echeverría* tuvo una característica importante: fue uno de los primeros en América Latina en incluir citas y conceptos de Antonio Gramsci. Héctor Agosti impulsó muy tempranamente la traducción y el estudio de los textos del pensador italiano, convirtiéndose en un enclave de renovación teórica para el comunismo y la izquierda en general. La traducción se llevó a cabo antes que en Inglaterra, Francia, Alemania o Estados Unidos. En 1950 se editaron las *Cartas desde la cárcel*, y entre 1958 y 1961 los *Cuadernos de la Cárcel* (traducidos de su versión "togliattiana", publicada en Italia por Einaudi). Para esa época, Agosti era encargado del frente cultural del PCA y congregó en torno suyo a un grupo que se dedicó al estudio y traducción de la obra de Gramsci. El PCA contaba por entonces con una importante red de editoriales. En este caso, Agosti coordinó las ediciones, publicadas por la Editorial Lautaro, con una tirada de cinco mil ejemplares, de los cuales mil estaban destinados a distribuirse en distintos países de Latinoamérica, mediante viajes de venta a Chile, Bolivia, Uruguay, Brasil y México.[1]

Además de la publicación de la obra de Gramsci, la revista *Cuadernos de Cultura* abrió un espacio para el debate en torno a los aportes "gramscianos" al marxismo. Pero fue en el libro *Echeverría*

[1] Véase Raúl Burgos, *Los gramscianos argentinos. Cultura y política en la experiencia de Pasado y Presente*, Siglo XXI, Buenos Aires, 2004, p. 42. Para las ediciones en Italia por la editorial de Einuadi véase Attilio Monasta, "Antonio Gramsci (1891-1937)", en *Perspectivas: revista trimestral de educación comparada*, vol. XXIII (consultado 26 de agosto de 2008)

donde por primera vez se llevó a cabo la incorporación de dichos conceptos. Allí Agosti retomó algunos puntos de *Il Risorgimento*, aplicándolos al análisis de la historia argentina; por ejemplo, el término "jacobinismo", para designar al hombre político enérgico que producía los cambios revolucionarios, y "revolución incumplida" (*rivoluzione mancata*), para dar cuenta de la naturaleza de la Revolución de Mayo de 1810. Consideró que, debido a la ausencia o la debilidad de la burguesía jacobina, aquella revolución democrático burguesa había terminado en un fracaso o, mejor dicho, en una revolución truncada. Además del uso de estos conceptos, Agosti compartía con el pensador italiano la defensa de una idea de revolución ligada a un cambio de conciencia de los hombres. En esta concepción, la revolución sólo sería plausible a través de una transformación cultural, para lo cual se debía reflexionar sobre las "relaciones políticas de la cultura".[2] En este sentido ambos convergían al considerar que las condiciones culturales e intelectuales eran las que tornaban factibles los cambios estatales o legislativos:

> Ninguna revolución alcanza sus objetivos si la dictadura política que inicialmente presupone no se difunde en el corpus social a través de las formas menos visibles de hegemonía ideológica [...] Una revolución verdaderamente realizada exige transferir la dictadura de la sociedad política en la hegemonía de la sociedad civil, es decir, conformar otros sistemas de convivencia y otros modos de experiencia moral como resultado de las más hondas mutaciones sociales.[3]

La revolución debía ir más allá de un cambio gubernamental. Agosti defendía una concepción en la que las cuestiones culturales y los cambios en la conciencia colectiva eran tan fundamentales como las cuestiones políticas. En *La cola del diablo*, José María Aricó sostuvo que el libro *Echeverría* fue significativo en su época porque atrajo a muchos intelectuales, ya que les permitía pensar una posibilidad de "solución sin regreso" a la crisis en la que se encontraba la Argentina peronista. Sin embargo, para Aricó, Agosti había fracasado en su propósito de estimular la acción política. Su principal crítica fue que, a pesar de haberse propuesto explícitamente hacer un análisis realista de la historia argentina, Agosti caía prisionero de una explicación "ideologizante". Es decir, que adaptaba los hechos históricos a concepciones teóricas previas, cayen-

---

2 Héctor Agosti, *Echeverría*, ob. cit., p. 159.
3 Héctor Agosti, *Echeverría*, ob. cit., p. 53.

do en una suerte de "lecho de Procusto" en el que se evidenciaban tensiones argumentales. Sobre todo porque –siguiendo el análisis de Aricó–, muchos de esos conceptos habían sido formulados por Antonio Gramsci y estaban pensados para dar cuenta de la historia italiana, no de la argentina. Aricó consideraba que en *Echeverría* Agosti había formulado una "traducción" de conceptos "gramscianos", que terminaron por "ofrecer un esquema vago y abstracto", que era "falso" historiográficamente y que por lo tanto no había logrado convertirse en un estímulo para la acción política.[4] Desde ya –como lo explicitó Aricó– este análisis estuvo marcado por su propio itinerario político-intelectual, en el que la experiencia en torno a las lecturas de Gramsci jugó un rol importante al distanciarse del PCA (del que había sido miembro). Las críticas de Aricó no estaban dirigidas hacia Agosti sino a un partido, al que consideraba enclaustrado en un "doctrinarismo sin fisuras", en el que las consecuencias de estos estudios no permeaban en las políticas adoptadas.[5]

No obstante, Aricó señaló que uno de los méritos del libro *Echeverría* de Agosti fue haber salido al encuentro de la preocupación por el peronismo.[6] A pesar de haber sido publicado en el ámbito de la celebración del centenario echeverriano –corrientemente asimilado con un antiperonismo a rajatabla–, el *Echeverría* se caracterizó más por el cuestionamiento a sus aliados liberales que por la crítica al peronismo. Como vimos, sin dejar de caracterizarlo como un régimen demagógico, Agosti reparaba en el costado positivo de una experiencia peronista en tanto que politizaba y movilizaba a las masas trabajadoras. Esta línea argumental se profundizó en sus libros publicados en 1959, en los que ofreció una interpretación de la tradición cultural e histórica argentina deslindada en dos tradiciones: por un lado, la tradición liberal y, por otro, la tradición democrática. Esta separación le permitía conservar la herencia democrática, y con ella las figuras de Moreno, Echeverría y Sarmiento. Justificaba su argumentación apoyándose teóricamente en Francesco De Sanctis y en Roger Labrousse, pero sobre todo

---

4 José Aricó, *La cola del Diablo*, ob. cit., p. 60.
5 Néstor Kohan ha afirmado: "El ataque a Lenin (acusado de 'blanquista', 'jacobino' y 'estatalista') y la manipulación de Gramsci (resignificado desde el eurocomunismo italiano y el posmodernismo francés) cumplen en los ensayos de Portantiero, Aricó y Laclau el atajo directo para legitimar con bombos y platillos 'académicos' su ingreso alegre a la socialdemocracia, tras la renuncia a toda perspectiva anticapitalista" (en "Roque Dalton y Lenin leídos desde el siglo XXI", en www.rebelion.org, 2007).
6 José Aricó, *La cola del Diablo*, ob. cit., p. 62.

en referencia al debate entre Bendetto Croce, Palmiro Togliatti y Antonio Gramsci sobre la naturaleza del fascismo italiano; si bien reconocía los méritos de Croce en su resistencia al fascismo, criticaba la manera en la que el liberalismo "croceano" había analizado aquel régimen.

Agosti se distanciaba de la tradición liberal, en tanto consideraba que aquella doctrina se basaba en la defensa de la propiedad privada y de la igualdad jurídica, elementos que tenían como consecuencia una justificación de la desigualdad en la sociedad real. La figura del trabajador libre, sostén del sistema capitalista, era en realidad una ficción que escondía la naturaleza alienada de los proletarios: "el liberalismo no es la culminación de la democracia sino su negación".[7] Esta interpretación –en línea marxista– estaba ligada a la coyuntura de ruptura que se produjo tras la experiencia del año echeverriano. Pero fundamentalmente obedecía a una relectura del fenómeno peronista, que Agosti propició en especial luego de la autodenominada "Revolución Libertadora" (golpe de estado de 1955), cuando llamó a los intelectuales a meditar sobre las causas que habían determinado el surgimiento del peronismo; procurando sobre todo entender por qué su discurso había calado hondo en el pueblo trabajador.[8]

Como lo señaló Terán, desde la izquierda tradicional fue Agosti quien abrió el camino a las reinterpretaciones del peronismo, separándose del liberalismo sin abandonar la tradición democrática. Ya en *Echeverría* se distanciaba (quizá a raíz de la implementación de conceptos "gramscianos") de las opiniones reinantes entre la mayoría de quienes provenían del antifascismo y se habían pasado sin escalas al antiperonismo. Era evidente que se despegaba de la lógica dicotómica reinante, para mirar al peronismo como un fenómeno que podría demostrar a las masas la potencia de sus propias fuerzas. Para Agosti era más necesario tomar recaudos ante las alianzas por oposición que ante el peronismo como "tiranía".

En *El mito liberal* Agosti escribió –en forma de una extensa epístola– una especie de respuesta a un tácito compañero del antifascismo, que acusaba a los comunistas de hacer uso táctico del discurso nacionalista: "Suele decirse que nosotros usamos el sentimiento nacional [para tapar] misteriosas tácticas de un *Cominform*

---

7   Héctor Agosti, *El mito liberal*, ob. cit., p. 86.
8   Véase Héctor Agosti, *Para una política de la cultura*, Procyón, Buenos Aires, 1956, pp. 9-10.

ignoto".⁹ Agosti desmentía la supuesta contradicción entre la tradición comunista y el pensamiento nacional: "las supuestas incompatibilidades entre el marxismo y el sentimiento nacional no pasan de ser, en todo caso, sino una manifestación de ignorancia con relación al pensamiento marxista".¹⁰ En todo caso había que procurar la combinación del movimiento nacional y el internacional.

En *Nación y cultura* Agosti se propuso abordar la temática cultural apelando y recuperando una perspectiva "nacional". Según él, la falta de correspondencia entre cultura y nación era la señal más característica de la crisis argentina de aquel entonces.¹¹ Sin dejar de reconocer la necesidad y la importancia de mantener el diálogo con los sectores liberales, estimaba que "para las masas el liberalismo no representa ya nada".¹² Sin embargo aclaraba que no era al viejo nacionalismo de derecha (contra el que habían combatido) al que adherían, sino a un nuevo nacionalismo que tenía como eje a la clase obrera.¹³

Al revisar los argumentos con los que el antiperonismo se enfrentaba a la "dictadura justicialista", Agosti consideraba que muchos de los sectores liberales escandalizados por el autoritarismo de Perón no habían manifestado tales reticencias ante los regímenes autoritarios durante el período 1930-1945. "Permítame suponer, por consiguiente, que buena parte del fastidio con que muchos de ellos miraron el sistema peronista no provenía tanto de las restricciones a la libertad cuanto del predominio aparente de las chusmas".¹⁴ La indignación de estos sectores provenía, por lo tanto, no de las demasías autoritarias del régimen, las censuras y los cortes a las libertades, sino de la aprensión ante el ascenso de los "cabecitas negras"; "resistiéndose a un sistema político en el que veían peligrosas derivaciones 'socialistas'".¹⁵

Desde su perspectiva, los problemas fundamentales del país residían en el régimen latifundista de propiedad de la tierra y la intrusión imperialista en la economía; este diagnóstico político también tendía un puente de entendimiento con el peronismo. En el mismo año en el que se producía la Revolución Cubana, y con Perón

---

9   Héctor Agosti, *El mito liberal*, ob. cit., p. 31.
10 Ibid., p. 32
11 Héctor Agosti, *Nación y cultura*, ob. cit., p. 77.
12 Héctor Agosti, *El mito* liberal, ob. cit., p. 178.
13 Ibid., pp. 9, 28 y 31.
14 Ibid., pp. 118-119.
15 Ibid., p. 140.

en el exilio, Agosti escribió: "que esos trabajadores peronistas son base y levadura de la auténtica revolución agraria y antiimperialista, capaz de solucionar nacionalmente los problemas de esta etapa que nos toca vivir; *pero lo serán en cuanto se libren de mecanismos ideológicos contradictorios de su impulso de clase*".[16]

Por otra parte, a raíz de la denominada Operación Cardenal de 1957, "los comunistas y peronistas com[enzaron] a compartir el mismo espacio de la exclusión política".[17] Es en este sentido que en el discurso de Agosti se encontraban ya muchas de las preocupaciones que hicieron ebullición en el nacimiento de la nueva izquierda: la relectura del peronismo, desentenderse de los aliados liberales, rescatar un discurso nacional y popular, oponiéndose a una incompatibilidad entre marxismo y sentimiento nacional. Sin embargo, el PCA era un partido cuya dirigencia política ejercía un manejo férreo que controlaba que los flirteos con el peronismo no fueran demasiado lejos (el caso Real resulta ilustrativo de cómo se manejaban estos asuntos). El propio Agosti, así como emprendía estos espacios renovadores y abría las puertas al marxismo italiano, también valoraba la disciplina partidaria, se apoyaba en el modelo soviético y podía utilizar el *Diccionario soviético* para definir qué era un intelectual y qué espacios le competían.

2. *La expulsión del grupo* Pasado y Presente

Así como el estudio y uso de conceptos "gramscianos" nunca condujeron a Agosti a una confrontación con la dirigencia política del PC, tampoco sus lecturas sobre el peronismo generaron un enfrentamiento abierto. Pero la apertura al sendero de las críticas no pasó inadvertida. Fue el grupo reunido en torno suyo el que llevó estas concepciones teóricas más allá. Los desprendimientos críticos que esos jóvenes formularon fueron más controvertidos con las líneas del partido, transformándose en críticas al estilo y a la conducción del PCA. A partir de aquel grupo convocado por Agosti para la traducción y el estudio de la obra de Gramsci, se conformó –ya en los sesenta– la revista *Pasado y Presente*, espacio desde donde se construyó un espacio teórico que se incorporó a la nueva izquierda

---

16 Ibid., p. 75 (*itálica* en el original).
17 Oscar Terán, *Nuestros años sesentas*, ob. cit., p. 101.

argentina.[18]

En aquel grupo se destacaban Juan Carlos Portantiero –de Buenos Aires– y José Aricó –de Córdoba–, dos de las figuras que se perfilaban como "las cabezas más visibles de movimientos de renovación dentro del PCA".[19] Aricó era secretario de organización de la Federación Juvenil Comunista de Córdoba, mientras que Portantiero militaba en la juventud comunista y participaba en actividades de La Casa de la Cultura.[20] Estos dos jóvenes intelectuales se conocieron recién en 1962 con motivo de la publicación de la nueva revista.

Las discusiones teóricas sobre los aportes "gramscianos" también tuvieron un espacio en la revista *Cuadernos de Cultura*. Allí se publicaron varios artículos sobre el tema, entre ellos uno de Oscar Del Barco que constituyó un antecedente a la dirección que fue tomando este conflicto entre la joven generación, por un lado, y Agosti y la dirección política del PCA, por otro. En el artículo "Notas sobre Antonio Gramsci y el problema de la 'objetividad'" comienzan a manifestarse las incompatibilidades, ya que, si bien estaba destinado a cuestiones puramente teórico-filosóficas, provocó la reacción del Comité de Redacción de *Cuadernos de Cultura*. Éste se desligó de la responsabilidad del artículo y –junto a la Comisión de estudios filosóficos del PC– encargó a Raúl Olivieri una réplica, a publicarse en el siguiente número de la revista. Luego se le dio espacio a Del Barco para responder a esa refutación y hubo una última respuesta, a modo de cierre de la polémica, titulada "Crítica a una crítica revisionista", a cargo de Raúl Olivieri y Raúl Sierra, en la que se tildó a Del Barco de revisionista y se hizo

18 Laura Prado Acosta, "Sobre lo 'nuevo' y lo 'viejo': el Partido Comunista argentino y su conflicto con la Nueva Izquierda en los años sesenta", *A Contracorriente. Una revista de historia social y literatura de América Latina*, vol. 11, 2013.
19 Raúl Burgos, ob. cit., p. 52.
20 En el libro de Burgos se cita una entrevista concedida al autor por J. C. Portantiero, en la que relata su vínculo con Agosti: "Yo entro en la juventud comunista en el año 1953. El PC había tomado una iniciativa que se llamaba Casa de la Cultura, y yo comencé a trabajar en esa organización, como militante de la juventud [FJC]. El responsable del Partido era Agosti. Y ahí entré en relación con él. Después esa relación se hizo mucho más intensa, en el sentido de que Agosti me tenía a mí como su discípulo. A mí me interesaban las mismas cosas que a él: crítica literaria, historia de la cultura argentina. Entonces, desde 1954, yo trabajo con él hasta que me lleva en los años 59-60, más o menos a *Cuadernos de Cultura*. Yo siempre tuve una relación buena con Agosti; lo veía a él como una especie de maestro y él me veía como una especie de discípulo. Era evidente que él tenía cierta predilección por mí" (en Raúl Burgos, ob. cit., p 52).

un llamado a fortalecer la "unidad ideológica" en el interior del partido.[21]

Casi simultáneamente al cierre de este debate, se publicó en Córdoba la revista *Pasado y Presente*. En su primer número, el artículo editorial a cargo del joven José Aricó dio un paso más allá de los límites que el partido estaba dispuesto a tolerar. Allí Aricó planteaba una tensión generacional; definía a la suya como "generación sin maestros", y consideraba que "el proletariado y su conciencia organizada no logran aún conquistar una hegemonía que se traduzca en una coherente dirección intelectual y moral".[22] Su intención y la del grupo de la revista era indagar en las causas que obstaculizaban la inserción del marxismo en el seno del proletariado, lo que equivalía a decir que la trayectoria del PCA en el mundo obrero había sido por lo menos ineficaz.

La queja apuntaba a una modalidad de funcionamiento del PCA, que era percibida y criticada por su falta de contacto real con las bases obreras y por el "dogmatismo anquilosado" de sus estructuras teóricas, así como por las formas burocráticas y autoritarias de funcionamiento. El espacio abierto por Agosti era valorado, pero se lo consideraba muy restringido, acotado al ámbito intelectual. Este desafío ofendió a la dirección del partido y también a Agosti.[23] Aricó sostuvo a posteriori que estaban midiendo los límites de la apertura para el debate ideológico. Pronto descubrieron que esos límites existían y eran tangibles.

Primero se les pidió la autocrítica, la retractación. Ante la negativa, se expulsó a José Aricó y luego a Portantiero, por su participación en grupos disidentes del ámbito universitario. Oscar Terán ha señalado que "Para estos nuevos agrupamientos, la fallida inserción de la izquierda tradicional en el movimiento obrero a partir de 1945 fue vivida como la prueba de que era preciso cuestionar radicalmente toda la línea de aquellos partidos, puesto que ella había tornado vanos los esfuerzos más sinceramente militantes".[24] En especial, el vínculo con el peronismo emergía como una fuente de

21 Oscar del Barco, en *Cuadernos de Cultura*, nro. 59, 1962. El episodio se recapitula en Raúl Burgos, ob. cit., pp. 55-59.
22 José Aricó, "Pasado y Presente", en *Pasado y Presente*, año 1, nro. 1, Córdoba, abril-junio de 1963.
23 Sobre el vínculo entre Agosti y Arico véase Laura Prado Acosta, "El Partido Comunista argentino y la ruptura con los 'muchachos' de la revista *Pasado y Presente*", en *Prismas. Revista de historia intelectual*, n° 18, Universidad Nacional de Quilmes, 2014.
24 Oscar Terán, ob. cit., pp. 107-108.

discordias, pero sobre todo la joven generación consideraba que la estructura partidaria los limitaba, los confinaba a la inacción político-revolucionaria, en un contexto convulsionado por las noticias sobre la Revolución cubana. Por lo tanto, la joven generación planteaba una incompatibilidad con la dirigencia política del PCA, que resultó irreconciliable.

Junto con el grupo de *Pasado y Presente* se fue del PCA un sector importante de universitarios cordobeses.[25] En Buenos Aires, Portantiero también fue expulsado y luego formó parte de una nueva organización política, Vanguardia Revolucionaria, que tuvo una vida breve. El grupo cordobés tuvo un contacto transitorio con el Ejército Guerrillero del Pueblo (EGP) de Jorge Masetti, pero luego de su dura derrota se limitó al ámbito del proyecto editorial Pasado y Presente, sin proponerse constituir un partido político alternativo.

Por aquel entonces, el dirigente Rodolfo Ghioldi respondió a través de la prensa periódica a los expulsados: los acusó de renegados que, en nombre de su intelectualidad, aspiraban a eliminar el leninismo. Ghioldi consideró que las cuestiones generacionales no debían permear los debates políticos. Rescataba así su trayectoria partidaria y la de su dirigencia. Luego, *Cuadernos de Cultura* dedicó un número a la crítica de la nueva revista cordobesa, llamando a encauzar los actos de rebeldía dentro del partido para transformarlos de esa manera en actos revolucionarios. Acusaron a esa revista de "aprismo", refiriéndose al APRA peruano de Víctor Haya de la Torre, al que se criticaba por conformar un "partido de intelectuales". Esta "desviación" había sido descripta por Agosti como un caso típico de "degeneración ideológica que llega filosóficamente" y que le retacea a la clase obrera la dirección del proceso revolucionario.[26]

Para entender esta ruptura es necesario estimar la profunda influencia que ejerció el clima de época. Fueron datos insoslayables las críticas "krushvianas" a las prácticas autoritarias estalinistas, formuladas en el XX Congreso del Partido Comunista de 1956; para el caso del grupo cordobés, la sensación de ebullición en la que entraba aquella provincia a raíz de su activo proceso de industria-

---

25 En entrevista con Carlos Altamirano, José Aricó relató: "A partir de nuestra expulsión, cerca de un 60% del sector universitario deserta del Partido Comunista y se mueve a la esfera de discusión de la revista. Se crea un estado de disponibilidad de fuerzas que reclama de la revista pasos más políticos. Pero también sucede que la revista no estaba dispuesta a dar eso..." (en Raúl Burgos, ob. cit., p. 99).
26 Héctor Agosti, *El mito liberal*, ob. cit., 1959, p. 175.

lización (que hizo pensar a Aricó que Córdoba podía ser la Turín argentina); pero fundamentalmente influyó la experiencia de la Revolución cubana de 1959, con la consecuente radicalización de las iniciativas de izquierda, y el comienzo de una discusión profunda sobre la lucha armada como vía revolucionaria.

Como lo expresó Emilio de Ípola:

> [E]l Diablo metió la cola. [...] Agosti manifiesta reticencias y la dirección del PCA dictamina (con razón) que detrás de esa iniciativa intelectual y de su publicación emblemática se esconde un proyecto político incompatible y hostil respecto de aquel que el Partido ha hecho suyo.[27]

En su análisis retrospectivo sobre este episodio, Aricó explicó que "había en realidad un cuestionamiento de la política comunista en su conjunto. Tanto nosotros, como ellos, lo sabíamos".[28] El cuestionamiento de la joven generación se dirigía a la forma "partido" como estructura válida para la acción política, en un contexto en el que la democracia estaba signada por una debilidad generada por la proscripción del peronismo y los sucesivos golpes de estado.

En cambio, Agosti era un persistente defensor del partido como único vehículo de transformación de la sociedad. Consideraba que la acción de una minoría podía actuar como "mechero" y encender la conciencia de las masas, pero debía estar encauzada; defendía la fórmula revolucionaria de la vanguardia leninista, remarcando el papel del partido como un elemento incuestionable para alcanzar los objetivos revolucionarios. En consonancia con su propio itinerario, sus experiencias como militante lo posicionaban como una figura respetada dentro del partido: había pasado por períodos de cárcel, compartido exilios, espacios, experiencias de militancia. Además, su uso de esos conceptos "herejes" se limitó a una perspectiva de lucha revolucionaria "cultural", reivindicando la necesidad de llegar a la conciencia de las masas a través de la cultura, pero manteniendo los postulados partidarios básicos y respetando los dictámenes de la dirigencia política nacional y soviética. Todo esto evitó la confrontación entre Agosti y la dirigencia política del PCA, al menos abiertamente.

Para Agosti, Gramsci representaba un mártir del fascismo, un ejemplo del intelectual en prisión que cumplía con su tarea de mantenerse pensante; sumado a eso, brindaba una mirada aguda,

---

27 Emilio de Ípola, en el prólogo de José Aricó, *La cola del diablo*, ob. cit.
28 José Aricó, *La cola del diablo*, ob. cit., p. 85.

que al "traducirla" servía para pensar los problemas argentinos. La perspectiva "gramsciana" no entraba, a sus ojos, en contradicción con el paradigma marxista-leninista, ni cuestionaba el lugar central del partido.[29] El objetivo político planteado por Agosti coincidía con el de la dirigencia partidaria: producir una revolución democrática burguesa de carácter agrario y antiimperialista, conducida por la clase obrera y por su partido de vanguardia –el comunista–, aunque reconocía que el peor defecto del comunismo era su "sequedad sectaria", y que había que frenar el "dogmatismo". Según su perspectiva, los comunistas y su partido eran "la avanzada del pueblo" y por tanto debían cumplir con "la función esclarecedora de quienes, por haber llegado a la comprensión del proceso histórico, representamos los puntos de vista y los intereses del proletariado".[30] Para Agosti, su partido, aun con defectos, era la única vía hacia el cambio revolucionario. Un tiempo antes del conflicto con el grupo Pasado y Presente, en la revista *Che* Agosti había escrito una columna titulada "El camino largo sigue siendo el más corto", en la que se opuso al "aventurerismo" revolucionario, en tanto que implicaba un "desdén por el pueblo, la suposición de que es un sujeto en minoría manejable por órdenes remotas". Pedía entonces soluciones "verdaderamente democráticas":

> No estamos para empezar de nuevo sino para proseguir por el camino de la unidad popular. Hay que aventar los recelos y las discrepancias parciales. Hay que mirar hacia lo fundamental, hacia lo que puede congregarnos, limpiamente. Estoy seguro de que el camino largo se hará, así, cada vez más corto.[31]

En definitiva, Agosti intentó mantener un difícil equilibrio entre las generaciones que estaban a punto de enfrentarse, lo que se reveló finalmente imposible. El conflicto con los jóvenes "gramscianos"[32] puso fin a una etapa y orientó a Agosti a una mayor organicidad con el PCA. Luego de la expulsión del grupo de la revista *Pasado y Presente*, reforzó su compromiso y pasó a formar parte

---

29 J. C. Portantiero señaló que Gramsci (fundador del PC italiano y uno de sus principales dirigentes) fue "uno de los más sistemáticos defensores de su estructura orgánica" (en *Los Usos de Gramsci*, Grijalbo/conceptos, Buenos Aires, 1999, p. 100).
30 Héctor Agosti, *Para una política de la cultura*, ob. cit., p. 20.
31 Héctor Agosti, en *Revista Che*, año 1, nro. 9, 9 de marzo de 1961.
32 Para el debate en torno a la caracterización de "gramscianos argentinos", véase Raúl Burgos, ob. cit.; Néstor Kohan, ob. cit., y Alexia Massholder, ob. cit.

de la comisión política, para mantenerse dentro del PCA hasta su fallecimiento en 1984.

Consideraciones finales

> Si me afilio al Partido pierdo libertad, pero si no me incorporo pierdo organicidad
> Jean Paul Sartre

Se ha analizado uno de los recorridos posibles del itinerario político e intelectual de Héctor Agosti, buscando problematizar algunos momentos en los que este intelectual comunista tuvo que enfrentarse al dilema entre la obediencia a la línea partidaria (para lograr un objetivo político en el que tenía plena confianza) y la defensa de desarrollos intelectuales, con sus posibles controversias con las directivas políticas y con el eventual costo de la ruptura con el partido. Por las características del PC como organización, ser comunista implicaba un alto grado de compromiso con la militancia. Aquellos que militaban en sus filas generalmente estaban convencidos de la eficacia y la fortaleza que la organización brindaba. Se creía y se confiaba en las virtudes que otorgaba la estructura partidaria. La ruptura con "el partido", aun cuando estuviera fundamentada en razones políticas, no era sólo una cuestión política. Pertenecer a "la gran familia comunista" ejercía presión en algunos de sus miembros, pero también lazos de pertenencia que eran abrazados y valorados por muchos militantes. Por ende, abandonar ese partido implicaba abandonar junto con él muchos ámbitos de sociabilidad, y espacios que posibilitaran la labor intelectual. Incluso podía generar cuestionamientos en el ámbito privado, por parte de la familia o amigos del disidente, sin contar que para muchos representaba una fuente de ingresos. Además, en general, los expulsados eran acusados de deslealtad o debilidad, lo que podía constituir un estigma difícil de asimilar.

En Agosti, como en muchos otros, convivieron en tensión dos identidades, la del militante comunista y la del intelectual, sin que resultaran excluyentes ni que fueran percibidas como pertenencias incompatibles. Las tareas intelectuales fueron parte de una práctica política, por lo que no se concebía una separación en "campos", sino que se buscaba deliberadamente que ambos terrenos, el cultural y el político, funcionaran articuladamente.

Aun así, como se ha visto, en determinados contextos los mecanismos partidarios irrumpieron en el ámbito cultural comunista para zanjar disputas que se consideraban capaces de generar distorsiones a las directivas partidarias. Sin embargo, para Agosti, el partido no dejó de ser un ámbito válido para encauzar su accionar político-cultural. Para comprender esta lógica, podría pensarse –a riesgo de caer en un análisis extemporáneo– que los avasallamientos a su "autonomía" fueron aceptados como precio para lograr objetivos políticos. En definitiva, el PC funcionó muchas veces como espacio propicio para las actividades intelectuales y artísticas, así como otras veces las esquilmó y obstruyó.

Aquí se analizaron algunas instancias en las que Agosti se enfrentó a la encrucijada plasmada en la frase de Sartre entre la libertad y la organicidad. Es difícil dilucidar hasta dónde llegaban las restricciones a los desarrollos teóricos en un intelectual orgánico del PC, hasta dónde modificaban sus itinerarios para adaptarse a los parámetros partidarios. Hacia el final de sus días, evaluando su recorrido de vida, Agosti daba cuenta de la dualidad en torno a su figura,

> lleva a los escritores a tenerme por un político y a los políticos a verme como un escritor y en ambos casos con una sonrisa entre piadosa y socarrona (...) No entiendas que estoy mortificándome por la ambivalencia a veces desgarradora de mi vida cargada por ese dúplice ejercicio con equívocos, incomprensiones, injusticias y negaciones.[1]

En varias oportunidades los enfrentamientos en el plano de la teoría no pesaron lo suficiente como para afrontar los costos de la ruptura con el partido, ya que para muchos esa organización representaba un espacio de pertenencia en el que se combinaban afectos, convicciones políticas y desarrollos profesionales. Agosti dedicó su vida al Partido Comunista y a generar espacios de renovación marxista; se esforzó por incorporar a figuras teóricas del marxismo italiano como Antonio Gramsci; fue un gestor cultural, con un amplio recorrido en el ámbito de las revistas culturales y políticas, y un miembro activo del colectivo intelectual de la Argentina, que es-

[1] Héctor Agosti, Carta s/fecha, en Samuel Schneider, ob. cit., p. 198.

tableció diálogos con sectores extrapartidarios. Su figura evidencia que existió un entramado político-cultural más extenso, en vínculo con Latinoamérica, Europa y la URSS, del que Agosti formó parte. Este entramado, que recién en estos años está comenzando a ser explorado, abre interrogantes que requerirán nuevas perspectivas para analizar la historia del comunismo latinoamericano.

****

En estas palabras finales quiero agradecer a quienes me guiaron en los inicios de esta investigación: Lila Caimari, Sergio Serulnikov, Alejandro Cataruzza y mis compañeros de maestría de la Universidad de San Andrés. También a mis actuales compañeros y amigos del Centro de Historia Intelectual de la Universidad Nacional de Quilmes, y de la cátedra Problemas de Historia Argentina de la Universidad Nacional Arturo Jauretche. Agradezco a Carlos Altamirano, Carlos Aguirre, Ricardo Pasolini, Greg Dawes, Samuel Sotillo, Pablo Ali y a la artista Liliana Porter por su ayuda en la edición de este libro, así como a North Carolina State University en Raleigh, Carolina del Norte.

Dedico este libro a mis abuelos Salvador Prado, Jorge Acosta, Eve Ilse Rosa y Emilia Gigena a quienes les debo la curiosidad sobre la temática y la pasión que guía mis investigaciones. Finalmente, le agradezco mucho a mi familia, amigos y en especial a Matías Castelli y a mi hijo Robertino por darme cotidianamente alegría y amor.

Adler, Max. *El socialismo y los intelectuales. Intelectuales, teoría y partido en el marxismo de la Segunda Internacional.* Ed. José Aricó. Pról. Leonardo Paggi. México, D.F.: Siglo XXI, 1980.

Alexander, Robert. *Communism in Latin America.* New Bunswick: Rutgers University Press, 1957.

Altamirano, Carlos. *Peronismo y cultura de izquierda.* Buenos Aires: Temas Grupo Editorial, 2001.

—. *Bajo el signo de las masas.* Buenos Aires: Ariel, 2001.

—, dir. *Términos críticos de sociología de la cultura.* Buenos Aires: Paidós, 2002.

—. *Para un programa de historia intelectual y otros ensayos.* Buenos Aires: Siglo XXI, 2005.

Arévalo, Oscar. *El Partido Comunista.* Buenos Aires: CEAL, 1983.

Aricó, José. "Los comunistas en los años treinta". *Controversias,* nros. 2-3, 1979, suplemento n° 1.

—. "Arlt y los comunistas". *La ciudad futura* , nro. 3, diciembre 1986.

—. *La hipótesis de Justo.* Buenos Aires: Sudamericana, 1999.

—. *La cola del Diablo.* Buenos Aires: Siglo XXI, 2005.

Arismendy, Rodney. *La obra de Héctor P. Agosti.* Buenos aires: Ediciones "Amigos de Aníbal Ponce", 1984.

Azcoaga, Juan Enrique. *Vigencia de Agosti: con motivo de la inauguración de la sede.* Buenos Aires: Folletín, Asociación Héctor P. Agosti, 2003.

Bendá, Julien. *La traición de los intelectuales.* Santiago de Chile: Ercilla, 1967.

Bisso, Andrés. *Acción Argentina, un antifascismo nacional en tiempos de guerra mundial*. Buenos Aires: Prometeo Libros, 2005.

—. *El antifascismo argentino*. Buenos Aires: CeDinCi Editores / Buenos Libros, 2007.

Bobbio, Norberto, Incola Matteucci y Gianfranco Pasquino, dirs. *Diccionario de política*. Buenos Aires: Siglo XXI, 1981 / 1982.

Bodin, Louis. *Los intelectuales*. Buenos Aires: Eudeba, 1965.

Bourdieu, Pierre. *Campo de poder. Campo intelectual*. Buenos Aires: Quadrata, 2003.

Bulacio, Julio. *Intelectuales y Partido: Héctor P. Agosti y las políticas y prácticas culturales del Partido Comunista argentino (1950-1959)*. s.l.: Biblioteca de CCC, s.f.

Burgos, Raúl. *Los gramscianos argentinos. Cultura y política en la experiencia de Pasado y Presente*. Buenos Aires: Siglo XXI, 2004.

Caballero, Manuel. *Latin America and the Comintern 1919-1943*. London, UK: Cambridge University Press, 1986.

Caimari, Lila. *Apenas un delincuente. Crimen, castigo y cultura en la Argentina, 1880-1955*. Buenos Aires: Siglo XXI, 2004.

Camarero, Hernán. *A la conquista de la clase obrera. Los comunistas y el mundo del trabajo en la Argentina, 1920-1935*. Buenos Aires: Siglo XXI, 2007.

Campione, Daniel. "El Partido Comunista de La Argentina, apuntes sobre su trayectoria". *El comunismo: otras miradas desde América Latina*. Eds. Elvira Concheiro, Massimo Modonesis y Horacio Crespo. México, D.F.: UNAM, 2007.

Cane, James. "Unity for the Defense of Culture: The AIAPE and the Cultural Politics of Argentine Antifascism, 1935-1943". *The Hispanic American Historical Review*, vol. 77, nro. 3, 1997.

Carr, Edward H. *El ocaso de la Comintern, 1930-1935*. Madrid: Alianza, 1986.

Carrera, Iñigo. "La huelga general de masas de 1936: un hecho borrado de la historia de la clase obrera argentina". *Anuario*

IEHS. Revista del Instituto de Estudios Histórico Sociales "Prof. Juan Carlos Grosso", nro. 9, 1994.

Cattáneo, Liliana. "La izquierda argentina y latinoamericana en los años 30, el caso Claridad". Tesis de grado. Universidad Torcuato Di Tella, 1992.

Cattaruzza, Alejandro. *Historia y política en los años treinta: comentarios en torno al caso radical*. Buenos Aires: Biblos, 1991.

—. "Historias rojas: miradas comunistas sobre el pasado nacional durante los años treinta". Jornadas Interescuelas, Rosario, Argentina. Universidad de Buenos Aires / Universidad Nacional de Rosario / CONICET, 2005. (inédito)

Cernadas, Jorge, Roberto Pittaluga y Horacio Tarcus. "Para una historia de la izquierda en la Argentina. Reflexiones preliminares". *El Rodaballo. Revista de política y cultura*, vol. 3, nros. 6/7, otoño-invierno 1997.

Ciria, Alberto. *Partidos y poder en la Argentina moderna (1930-1946)*. Buenos Aires: Hyspamérica, 1986.

— y Horacio Sanguinetti. *Los Reformistas*. Buenos Aires: Jorge Álvarez, 1968.

Codovilla, Victorio. *Una trayectoria consecuente. Trabajos Escogidos*. Buenos Aires: Anteo, 1964.

Comisión del CC del PCA. *Esbozo de historia del Partido Comunista de la Argentina*. Buenos aires: Anteo, 1948.

Corbière, Emilio. *Orígenes del comunismo argentino (El partido socialista internacional)*. Buenos Aires: CEAL, 1984.

Droz, Jacques. *Histoire de l'antifascisme en Europe, 1923-1939*. París: La Decouvert, 1985.

Fava, Athos. *Qué es el Partido Comunista*. Buenos Aires: Sudamericana, 1983.

Fiorucci, Flavia. *Intelectuales y peronismo*. Buenos Aires: Biblios, 2012.

—. "Los escritores y la SADE: entre la supervivencia y el antiperonismo. Los límites de la oposición (1946-1955)". *Prismas*, nro. 5, 2001.

—. "¿Aliados o enemigos? Los intelectuales en los gobiernos de Vargas y Perón". *Estudios Interdisciplinarios de América Latina y el Caribe* 15.2 (julio-diciembre de 2004): s.p. Web. <http://eial.tau.ac.il/index.php/eial/article/view/896/859>.

Furet, François. *El pasado de una ilusión. Ensayo sobre la idea comunista en el siglo XX*. México, D.F.: Fondo de Cultura Económica, 1995.

García Sebastián, Marcela, ed. *Fascismo y antifascismo. Peronismo y antiperonismo. Conflictos políticos e ideológicos en la Argentina (1930-1955)*. Madrid: Iberoamericana, 2006.

Gilbert, Isidoro. *El oro de Moscú. La historia secreta de las relaciones argentino-soviéticas*. Buenos Aires: Planetas, 1994.

—. *La Fede: Alistándose para la Revolución*. Buenos Aires: Sudamericana, 2011.

Ghioldi, Rodolfo. *Escritos*. Tomos 1-4. Buenos Aires: Anteo, 1975.

Groppo, Bruno. "El antifascismo en la cultura política comunista". *Anuario IEHS. Revista del Instituto de Estudios Histórico Sociales,* 2004.

Halperin Donghi, Tulio. *Historia de la Universidad de Buenos Aires*. Buenos Aires: Eudeba, 1962.

—. *La Argentina y la tormenta del mundo. Ideas e ideologías entre 1930 y 1945*. Buenos Aires: Siglo XXI, 2003.

—. *La república imposible (1930-1945)*. Buenos Aires: Ariel, 2004.

Hobsbawm, Eric. *Revolucionarios*. Barcelona: Crítica, 2000.

Horowitz, Joel. "El movimiento obrero". *Crisis económica, avance del Estado e incertidumbre política (1930-1943)*. Dir. Alejandro Cattaruzza. Buenos Aires: Sudamericana, 2001.

Kagarlitsky, Boris. *Los intelectuales y el estado soviético, de 1917 al presente*. Buenos Aires: Prometeo Libros, 2005.

Kalmanowiecki, Laura. "Origins and Applications of Political Policing in Argentina". *Latin American Perspectives* vol. 27, nro. 2, 2000.

Kohan, Néstor. "Roque Dalton y Lenin leídos desde el siglo XXI". *Rebelion.org*, 2007. Web. s.f. <http://www.rebelion.org/noticia.php?id=49202>.

—. *De Ingenieros al Che*. Buenos Aires: Biblos, 2000.

Lafleur, Héctor R., Sergio D. Provenzano y Fernando P. Alonso. *Las revistas literarias argentinas 1893-1960*. Buenos Aires: Ediciones Culturales Argentinas, 1962,

Linares, Francisco. *Agosti, portador ejemplar de una nueva cultura*. Buenos Aires: Anteo, 1988.

Lobato, Mirta Zaida. "Rojos. Algunas reflexiones sobre las relaciones entre los comunistas y el mundo del trabajo en la década de 1930". *Prismas*, nro. 6, 2002.

Massholder, Alexia. *El Partido Comunista y sus intelectuales. Pensamiento y acción de Héctor P. Agosti*. Buenos Aires: Luxemburgo, 2014.

Myers, Jorge. "Rodolfo Puiggrós, historiador marxista leninista: el momento de *Argumentos*". *Prismas*, nro. 6, 2002.

Nadra, Fernando. *Conversaciones con Perón*. Buenos Aires: Anteo, 1985.

Neiburg, Federico. *Los intelectuales y la invención del peronismo*. Buenos Aires: Alianza, 1998.

Ory, Pascal y Jean-François Sirinelli. *Les Intellectuels en France. De l'affaire Dreyfus à nos jours*. París: A. Colin, 1992.

Pasolini, Ricardo. "Intelectuales antifascistas y comunismo durante la década de 1930. Un recorrido posible: entre Buenos Aires y Tandil", *Historiapolítica.com*, s.f. Web.

Petra, Adriana. "En la zona de contacto: *Pasado y Presente* y la formación de un grupo cultural". *Izquierdas*, vol. 3, nro. 8, 2010.

—. "Cosmopolitismo y nación: Los intelectuales comunistas argentinos en tiempos de la Guerra Fría (1947-1956)". *Contemporánea*, vol. 1, nro. 1, 2010.

Plotkin, Mariano. *Mañana es San Perón: propaganda, rituales políticos y educación en el régimen peronista (1946-1955)*. Buenos Aires: Ariel, 1994.

Ponce, Aníbal *Obras Completas*. Buenos Aires, Cártago, 1974.

Portas Gómez, Alberto. *España, La guerra civil y los silencios*. Buenos Aires: Editorial Tesis XI, 1999.

Prado Acosta, Laura. "El Partido Comunista argentino y la ruptura con los 'muchachos' de la revista Pasado y Presente". *Prismas. Revista de historia intelectual*, vol. 18, nro. 2, 2014.

—. "Sobre lo 'nuevo' y lo 'viejo', el Partido Comunista argentino y su conflicto con la Nueva Izquierda en los años sesenta". *A Contracorriente*, vol. 11, nro. 1, 2013.

—. "Concepciones culturales en pugna. Repercusiones del inicio de la Guerra Fría, el zdhanovismo y el peronismo en el comunismo argentino". *Nuevo Mundo Mundos Nuevos*, 10 dic. 2013.

Quatrocchi Woisson, Diana. *Los males de la memoria*. Buenos Aires: Emecé, 1995.

Rees, E. A. "Intellectuals and Communism". *Contemporary European History*, vol. 16, nro. 1, 2007.

Rouquié, Alain. *Poder militar y sociedad política en la Argentina I / hasta 1943*. Buenos Aires: Emecé, 1981.

Saítta, Sylvia. "Entre la cultura y la política: los escritores de izquierda". *Crisis económica, avance del Estado e incertidumbre política (1930-1943)*. Coord. Alejandro Cattaruzza. Buenos Aires: Sudamericana, 2001.

Sarlo, Beatriz. *La batalla de las ideas (1943-1973)*. Buenos Aires: Ariel, 2001.

Schenkolewski-Kroll, Silvia. "El Partido Comunista en la Argentina ante Moscú: deberes y realidades 1930-1941". *Estudios Interdisciplinarios de América Latina y el Caribe*, vol. 10, nro. 2, junio 2002.

Schneider, Samuel. *Héctor P. Agosti. Creación y milicia*. Buenos Aires: Editorial Grupo de Amigos de Héctor P. Agosti, 1994.

Sigal, Silvia. *Intelectuales y poder en Argentina. La década del sesenta*. Buenos Aires: Siglo XXI, 2002.

— y Eliseo Verón. *Perón o muerte*. Buenos Aires: Legasa, 1986.

Sommi, Luis. *Neuquén: vida de los presos políticos*. Buenos Aires: Partenón, 1946.

Tarcus, Horacio. *Mariátegui en la Argentina o las políticas culturales de Samuel Glusberg*. Buenos Aires: Editorial El Cielo por Asalto, 2001.

—, dir. *Diccionario Biográfico de la Izquierda en Argentina*. Buenos Aires: Emecé, 2007.

Tato, Maria Inés. "El ejemplo alemán. La prensa nacionalista y el Tercer Reich". *Revista de la Facultad de Humanidades de la Universidad Nacional de Salta*, vol. 6, nro. 6, 2007.

Terán, Oscar. *Aníbal Ponce: ¿El marxismo sin nación?, Pasado y Presente*. México, D.F.: Siglo XXI, 1983.

—. *Discutir Mariátegui*. México, D.F.: Universidad Autónoma de Puebla, 1985.

—. *Nuestros años sesentas. Nueva izquierda intelectual*. Buenos Aires: Editorial El Cielo por Asalto, 1993.

—. *Ideas en el siglo: intelectuales y cultura en el siglo XX latinoamericano*. Buenos aires: Siglo XXI, 2004.

Torre, Juan Carlos. *La vieja guardia sindical y Perón. Sobre los orígenes del peronismo*. Buenos Aires: Sudamericana, 1990.

Warley, Jorge. *Vida cultural e intelectual en la década del treinta*. Buenos Aires: CEAL, 1985.

Zamudio Barrios, Arturo. *Las prisiones de Héctor P. Agosti*. Tomos 1-2. Buenos Aires: CEAL, 1992.

Zanatta, Loris. *Del Estado Liberal a la Nación Católica. Iglesia y Ejército en los orígenes del peronismo 1930-1943*. Buenos Aires: Universidad Nacional de Quilmes, 1996.

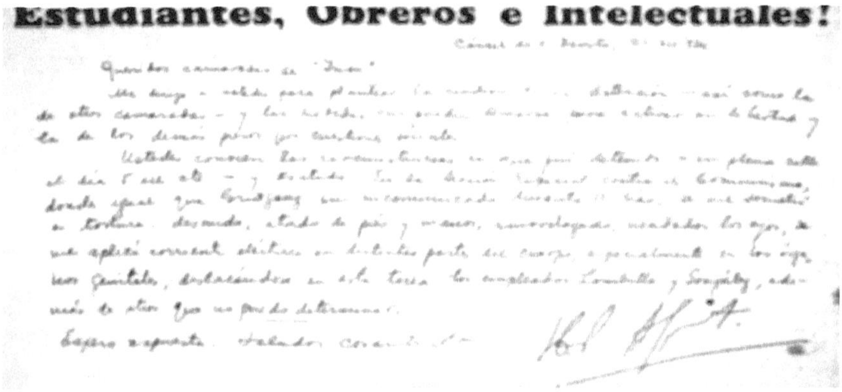

ANEXO FOTOGRÁFICO

Figura 1: Carta de Agosti a sus compañeros de *Insurrexit* desde la cárcel de Villa Devoto. 21 de diciembre de 1934. Archivos del Centro de Documentación e Investigación de la Cultura de Izquierda en Argentina (CeDinCi).

Figura 2: Solicitada publicada en *Orientación*, en recordatorio de la prisión de Héctor Agosti. Archivos del Centro de Documentación e Investigación de la Cultura de Izquierda en Argentina (CeDinCi).

Figura 3: Nota periodística, en *Hoy*, año 1, 17 de septiembre de 1936. Archivos del Centro de Documentación e Investigación de la Cultura de Izquierda en Argentina (CeDinCi).

www.ingramcontent.com/pod-product-compliance
Lightning Source LLC
Chambersburg PA
CBHW022106160426
43198CB00008B/372